近代区域文化系列

上海史话

A Brief History of Shanghai

马学强　宋钻友 / 著

社会科学文献出版社
SOCIAL SCIENCES ACADEMIC PRESS (CHINA)

图书在版编目（CIP）数据

上海史话/马学强，宋钻友著. —北京：社会科学
文献出版社，2011.12
　（中国史话）
　ISBN 978 - 7 - 5097 - 2371 - 5

Ⅰ.①上… Ⅱ.①马… ②宋… Ⅲ.①上海市 - 地
方史 Ⅳ.①K295.1

中国版本图书馆 CIP 数据核字（2011）第 111415 号

"十二五"国家重点出版规划项目

中国史话·近代区域文化系列

上海史话

著　　者／马学强　宋钻友

出 版 人／谢寿光
出 版 者／社会科学文献出版社
地　　址／北京市西城区北三环中路甲 29 号院 3 号楼华龙大厦
邮政编码／100029

责任部门／人文科学图书事业部　（010）59367215
电子信箱／renwen@ ssap. cn
责任编辑／黄　丹　乔　鹏
责任校对／范　迎
责任印制／岳　阳
总 经 销／社会科学文献出版社发行部
　　　　　（010）59367081　59367089
读者服务／读者服务中心（010）59367028

印　　装／北京画中画印刷有限公司
开　　本／889mm×1194mm　1/32　印张／5.875
版　　次／2011 年 12 月第 1 版　字数／115 千字
印　　次／2011 年 12 月第 1 次印刷
书　　号／ISBN 978 - 7 - 5097 - 2371 - 5
定　　价／15.00 元

总　序

　　中国是一个有着悠久文化历史的古老国度，从传说中的三皇五帝到中华人民共和国的建立，生活在这片土地上的人们从来都没有停止过探寻、创造的脚步。长沙马王堆出土的轻若烟雾、薄如蝉翼的素纱衣向世人昭示着古人在丝绸纺织、制作方面所达到的高度；敦煌莫高窟近五百个洞窟中的两千多尊彩塑雕像和大量的彩绘壁画又向世人显示了古人在雕塑和绘画方面所取得的成绩；还有青铜器、唐三彩、园林建筑、宫殿建筑，以及书法、诗歌、茶道、中医等物质与非物质文化遗产，它们无不向世人展示了中华五千年文化的灿烂与辉煌，展示了中国这一古老国度的魅力与绚烂。这是一份宝贵的遗产，值得我们每一位炎黄子孙珍视。

　　历史不会永远眷顾任何一个民族或一个国家，当世界进入近代之时，曾经一千多年雄踞世界发展高峰的古老中国，从巅峰跌落。1840 年鸦片战争的炮声打破了清帝国"天朝上国"的迷梦，从此中国沦为被列强宰割的羔羊。一个个不平等条约的签订，不仅使中国大量的白银外流，更使中国的领土一步步被列强侵占，国库亏空，民不聊生。东方古国曾经拥有的辉煌，也随着西方列强坚船利炮的轰击而烟消云散，中国一步步堕入了半殖民地的深渊。不甘屈服的中国人民也由此开始了救国救民、富国图强的抗争之路。从洋务运动到维新变法，从太平天国到辛亥革命，从五四运动到中国共产党领导的新民主主义革命，中国人民屡败屡战，终于认识到了"只有社会主义才能救中国，只有社会主义才能发展中国"这一道理。中国共产党领导中国人民推倒三座大山，建立了新中国，从此饱受屈辱与蹂躏的中国人民站起来了。古老的中国焕发出新的生机与活力，摆脱了任人宰割与欺侮的历史，屹立于世界民族之林。每一位中华儿女应当了解中华民族数千年的文明史，也应当牢记鸦片战争以来一百多年民族屈辱的历史。

当我们步入全球化大潮的 21 世纪，信息技术革命迅猛发展，地区之间的交流壁垒被互联网之类的新兴交流工具所打破，世界的多元性展示在世人面前。世界上任何一个区域都不可避免地存在着两种以上文化的交汇与碰撞，但不可否认的是，近些年来，随着市场经济的大潮，西方文化扑面而来，有些人唯西方为时尚，把民族的传统丢在一边。大批年轻人甚至比西方人还热衷于圣诞节、情人节与洋快餐，对我国各民族的重大节日以及中国历史的基本知识却茫然无知，这是中华民族实现复兴大业中的重大忧患。

中国之所以为中国，中华民族之所以历数千年而不分离，根基就在于五千年来一脉相传的中华文明。如果丢弃了千百年来一脉相承的文化，任凭外来文化随意浸染，很难设想13亿中国人到哪里去寻找民族向心力和凝聚力。在推进社会主义现代化、实现民族复兴的伟大事业中，大力弘扬优秀的中华民族文化和民族精神，弘扬中华文化的爱国主义传统和民族自尊意识，在建设中国特色社会主义的进程中，构建具有中国特色的文化价值体系，光大中华民族的优秀传统文化是一件任重而道远的事业。

当前，我国进入了经济体制深刻变革、社会结构深刻变动、利益格局深刻调整、思想观念深刻变化的新的历史时期。面对新的历史任务和来自各方的新挑战，全党和全国人民都需要学习和把握社会主义核心价值体系，进一步形成全社会共同的理想信念和道德规范，打牢全党全国各族人民团结奋斗的思想道德基础，形成全民族奋发向上的精神力量，这是我们建设社会主义和谐社会的思想保证。中国社会科学院作为国家社会科学研究的机构，有责任为此作出贡献。我们在编写出版《中华文明史话》与《百年中国史话》的基础上，组织院内外各研究领域的专家，融合近年来的最新研究，编辑出版大型历史知识系列丛书——《中国史话》，其目的就在于为广大人民群众尤其是青少年提供一套较为完整、准确地介绍中国历史和传统文化的普及类系列丛书，从而使生活在信息时代的人们尤其是青少年能够了解自己祖先的历史，在东西南北文化的交流中由知己到知彼，善于取人之长补己之短，在中国与世界各国愈来愈深的文化交融中，保持自己的本色与特色，将中华民族自强不息、厚德载物的精神永远发扬下去。

《中国史话》系列丛书首批计 200 种，每种 10 万字左右，主要从政治、经济、文化、军事、哲学、艺术、科技、饮食、服饰、交通、建筑等各个方面介绍了从古至今数千年来中华文明发展和变迁的历史。这些历史不仅展现了中华五千年文化的辉煌，展现了先民的智慧与创造精神，而且展现了中国人民的不屈与抗争精神。我们衷心地希望这套普及历史知识的丛书对广大人民群众进一步了解中华民族的优秀文化传统，增强民族自尊心和自豪感发挥应有的作用，鼓舞广大人民群众特别是新一代的劳动者和建设者在建设中国特色社会主义的道路上不断阔步前进，为我们祖国美好的未来贡献更大的力量。

陈奎元

2011 年 4 月

⊙马学强

作者小传

马学强，毕业于华东师范大学，获历史学博士。现为上海社会科学院研究员。近年来，先后主持多项国家社科基金项目与上海市哲学社会科学课题项目。在各种学术刊物上发表专业论文 70 余篇，陆续出版的学术专著有《上海通史》第 2 卷、《从传统到近代：江南城镇土地产权制度研究》、《江南席家：中国一个经商大族的变迁》等，合著或参与主编的有《出入于中西之间：近代上海买办社会生活》、《西学东渐第一校：从徐汇公学到徐汇中学》等。

⊙宋钻友

作者小传

宋钻友，毕业于上海大学历史系，现为上海社会科学院历史研究所研究员。主要从事1843年以来中国社会变迁研究，对上海的广东人、会馆公所以及移民群体做过较深入的研究。发表专业论文数十篇，主要著作有《广东人在上海（1843~1949年）》、《同乡组织与上海都市生活的适应》，译著有《家乡、城市和国家——上海的地缘网络与认同（1853~1937）》。

目 录

一 开埠：千年未遇之变局

从贸易市镇到东南名县

上海，地处长江三角洲前缘，南北海岸线的中点。北起长江口的崇明岛，南及杭州湾的大、小金山，东濒大海，西接江苏、浙江两省。黄浦江与吴淞江以丁字形之势在市区交汇，北流入长江。

上海的历史古老而年轻。说她古老，因为今上海市辖境还包括青浦、松江、闵行、嘉定、金山等区县，这些区县先后发现的崧泽、福泉山、马桥、亭林、广富林等原始文化遗存，可以把上海的历史推向遥远的史前时代。从已发现的丰富的史前文化遗存看，距今五六千年以前，先民们就在这块土地上休养生息。但若以上海市区而言，她的历史不过千年左右。

现今的上海市区历史上曾是汪洋一片。早期的海岸线——后谓之"冈身"，其外缘大致北起娄塘，经嘉定城中，沿南翔、诸翟、俞塘村一线，而南抵柘林。随着海岸线渐次东移，冈身以东不断被冲积成新的陆地。约至宋初，今上海市全境才基本成陆。

在唐代华亭县设立前后，这一带的陆地尚未完全形成。当时有文献把华亭县东部海面统称为"华亭海"，今上海市区的一部分当在其内。岁月悠悠，沧桑巨变，上海后来置镇立县，人们在考辨其名称来源时，一时竟也说不清它的由来。事实上，谓上海因上海浦而得名，似更为直截了当。在北宋讨论这一带的水利问题时已见上海浦名，该浦位于吴淞江（当时叫松江）下游南岸，它的旁边另有一条下海浦。有意思的是，吴淞江下游北岸还有叫上河浦、下河浦的。上海、下海，及上河、下河，这些浦的取名或属随意，相沿既久，也就约定成俗。

古吴淞江下游居民傍水而居，以捕鱼为业。在长期的社会生活实践中，他们创制了一种专门捕鱼的工具，名之曰"扈"，"插竹列于海中，以绳编之，向岸张两翼，潮上即殁，潮落即出，鱼随潮碍竹不得去"，以此捕捞鱼虾。扈亦作"沪"，这一带出海口即被称为"沪渎"。后上海别称为"沪"，由来于此。

吴淞江下游两岸，有众多河浦，河浦边上星散着许多自然村落。一些人居住于上海浦旁，渐次形成了几个聚落。宋咸淳三年（1267），在上海设置市舶分司。宋代，上海没有正式置镇，但因有市舶分司之设，而渐有了上海镇的称呼。依托港口的优势，上海迅速发展了起来。

蒙古人素称"马上得天下"，所建立的元帝国，在历史上存在时间并不长。然而，无论从何种角度审视，元代对上海的发展至为关键，这很耐人寻味。具体说来，这一时期为包括上海港在内的江南各港口的发展，造就了难得的海上宽松环境；另一方面，设置了上海县，这是该地区政区设置的一件大事。

至元十四年（1277），蒙古人即在上海设立市舶司，鼓励蕃舶互市贸易。当时南北大运河阻塞，江南漕粮无法北输。为了保障京师供给，元朝廷遂放眼海上，试图开辟海上漕运通道。至元十八年（1281），派征东留后军镇守上海，以确保港口安全与江南沿海顺畅。随后，朝廷又在上海设立都漕运万户府，从征东留后军抽调人员，并招来熟识海道的本地人朱清、张瑄，会同上海管军总管罗璧，共同负责造船运粮，试行从江南港口出发，海运漕粮至京城。这给上海发展带来了契机。其时，上海镇上官署林立，市舶司、税局、海运漕粮的万户府、酒务、商务、巡检司、水驿、急递铺，一应俱全。擅江海之利，积极开展商业贸易活动，上海镇的地位日益兴隆。

至元二十七年（1290），松江知府仆散翰文以华亭县地大户多，民物繁庶难理为由，提出另置上海县。朝廷同意松江府提议，准允划出华亭县东北的长人、高昌、北亭、新江、海隅 5 乡共 26 保，分设上海县。至元二十九年（1292），上海县正式成立，领户 72500余。从此上海县成为一个独立的行政区划单位，与华亭县并为松江府属县。新兴的上海县，广原腴壤，加之为濒海重地，东依洋海，北枕吴淞，兼有鱼盐萑苇之利，得益于交通便捷，"是足以壮兹邑矣"。所以，在短短几十年间，上海一跃而为东南名县。

御倭斗争与上海筑城

上海县初立，以旧榷场为县署。元大德二年（1298），即上海建县六年后，因上海市舶司合并到四明（今宁波），遂移县署于市舶司址。然而，作为县治，上海却长期无城池可据，这在当时并不多见。为什么没有筑城设防？"上海以镇升县，故旧无城，后之作令者尝欲建请，然无遗址可因，其势颇难。而议者又谓市虽逼浦，而素无草动之虞，在所不必作者，故屡谋而屡寝焉。"看来，当时上海的父母官也有过建城之议，却以"无遗址可因"为借口而未筑。这显然没有道理。海疆升平，县治近浦邻海本无多大关系。而事实上，明代东南沿海并不太平，其中，最突出的问题就是"倭乱"。自元末明初以来，上海沿海地带，已屡受海盗、倭寇骚扰。

倭寇问题的出现，原因十分复杂，既与中国国内政局有关，如与元末群雄争长，也与日本的形势密切相关。14世纪初，日本进入南北朝分裂时期，战败的武士、浪人到中国沿海地区进行走私抢劫，从事海盗活动。为此，早在明洪武之时，明王朝就注意加强海防建设，开始在东南沿海建卫立所，度地筑城，严阵以待。明嘉靖以后，日本陷入了战火纷飞的"战国"时代，在封建诸侯支持下，日本的一些军人、盗寇与中国东南一带奸商、土豪、海盗相勾结，在沿海地区进行烧杀抢夺。霎时，沿海倭寇之警四起，人心大震。

4

上海地处江海冲要，迅即成为倭盗侵扰的目标。

在嘉靖三十二年（1553），倭寇纵横海上，几次从浦东而来，直捣上海县，大掠县市，满载而归。4月至6月间，倭寇连续5次劫掠上海，一次比一次惨烈，县署、民居尽为火焚，街市半成焦土，停在江中的"粮艘悉被烧毁"，民众流离失所。黄浦沿岸数百里，任由倭盗驰骋。

上海屡遭洗劫，生灵涂炭，一方面固然反映出守御官军的弱点，但同时上海县一带一马平川，无险可守也是一个大问题。饱受倭寇蹂躏之苦的人们，终于意识到筑城抗倭的必要性。在一批地方乡绅的强烈要求与热情支持下，时任松江知府的方廉也认为再也不能迟疑了，"斯城不筑，是以委民之盗也"。随即下令兴筑城垣，从地方财库调拨资金，度定基址，抽调人员，旦暮督工兴筑。在建筑县城过程中，上海人民密切配合，地方士绅也纷纷捐资筹款。上下齐心，昼夜赶筑，从嘉靖三十二年九月兴工筑城，不到两个月的时间，上海城便完工告竣。此时距上海建县已整整260年。

这座新兴的上海县城，位于松江府城东北90里，周回9里，高2丈4尺，开陆门6处：东曰朝宗（即大东门），南曰跨龙（即大南门），西曰仪凤（即老西门），北曰晏海（即老北门），小东门曰宝带，小南门曰朝阳。另有水门3座，东西的一座跨肇嘉浜；一座在小东门，跨方浜；一座在小南门，跨薛家浜。四周设防，设敌楼、平台，并建雉堞。上海城处吴淞江与黄浦的交接处，地理位置险要，上溯江南内腹，下通江海，控江扼海，因此在兵防上具有重要的战略意义，朝廷于嘉靖三十三年（1554）特设海防道。

上海筑城不到几个月，就有一股倭寇驾船侵入，沿途气势汹汹，突破多道防线，于嘉靖三十三年正月直逼上海城。上海军民在苏松海防道金事董邦政的率领下，沉着应战。城墙新筑，面临战斗，又逢大雨，故多有崩坏，倒塌40余丈。董氏让军民连夜抢修，同时安排神枪手在城崩之处伏击，随时击毙袭城之敌。三四月间，上海又进行了第二次保城战斗，因有城池据守，倭寇始终未能攻进城内。上海县城保卫战的胜利，支持了江南其他地区的抗倭斗争。到嘉靖后期，整个东南地区的倭寇在戚继光、俞大猷、汤克宽、任环等将领的统率抗击下先后平定。

上海县城后来屡经修葺，愈见整齐森严，它是明中叶以后几个世纪上海县政治、经济、文化的中心，并一直保存到近代。

3 "江海通津，东南都会"

黄浦江——上海的象征，她对上海港及上海地区发展具有举足轻重的影响。黄浦之名，始见于宋代，浦起先并不宽阔，至元代渐成滔滔之势，但在明初犹不冠之为江，而以大黄浦相称。入明以后，由于涨沙壅积，大黄浦也时有排泄的困难。而这时，其北的吴淞江早已淤塞严重，潮汐不通。黄浦、吴淞作为当时太湖东部入海的主干通道，流水阻隔，危及整个苏松地区的排水灌溉。一遇连绵大雨，积涝成灾，贻害甚烈，稻禾淹没，漂屋溺民。苏松号称赋役甲天下，水灾频仍，自然引起朝野一片忧虑。永乐初年，朝廷决定疏浚黄浦与吴淞江。

户部尚书夏原吉受命前往上海。下车伊始，调查访问，集思广益，后采纳"掣淞入浏"与疏凿范家浜的治水方案。所谓"掣淞入浏"即分流吴淞江水势，改由夏驾浦导水北出刘家港，而暂弃吴淞江东段不顾，重点疏浚上海县治东北的范家浜。工程竣工后，吴淞江一段与黄浦合流通海，自泖湖而来的黄浦，其下游走向发生了变化，从而形成了大黄浦—范家浜—南跄浦新组合的入海河道。诸水汇流，黄浦水势猛增。从此，海舶巨舰可直驰上海城下，这为日后上海港的崛起创造了有利条件。

临江滨海，黄浦水道日益宽阔顺畅，上海港口的地理优势逐渐体现。但是，港口功能的发挥，还要受制于其他因素。明代以降，一改宋元时期的海上政策，规定各地"片板不许入海"，严申沿海百姓毋得擅自出海与外国互市通商。严厉的海禁氛围，极大地遏制了东南沿海各大港口的发展。直到清康熙二十二年（1683），清军收复台湾，沿海抗清势力基本肃清，长期实行的海禁政策才有所松弛。朝廷陆续颁令，准许沿海百姓出海捕鱼，设海关，鼓励商民开展商贸活动。

至乾隆、嘉庆时期，上海港已异常繁荣，并崛起为长江三角洲地区最重要的港口之一。"凡远近贸迁，皆由吴淞口进泊黄浦",港口商税大增,从而引起了朝廷的重视。康熙时,因关税数额不大,只委任上海县就地协理。雍正年间,分巡苏松兵备道由苏州移驻上海,兼理海关。后太仓州并入管辖,改称分巡苏松太兵备道,这是上海地位上升的标志。上海城在日益兴盛的港口贸易中快速拓展,街巷由原先的几条增至二三十条。人口激增,特别是城东南隅近港口一带人烟稠密,几至于无隙地可言,一时号称"江海通津,东南都会"。

⁴ 上海开埠与《土地章程》

道光十二年(1832),一艘属于东印度公司的"阿美士德"号商船从澳门出发,沿中国大陆海岸线北航,目的是搜集情报,寻找新的通商口岸。全船 70 余人,除部分船员外,另有两位重要人物:对外冒充船主的林赛,化名胡夏米,东印度公司高级职员;另一个叫郭士立,是个会说汉语的德籍传教士,此前到过中国沿海,与一些地方的百姓有过广泛接触,这次随船担任翻译兼医生,并改名郭甲利,作为林赛的重要助手。"阿美士德"号于这一年的 6 月 19 日抵达长江口。胡夏米一伙不顾吴淞守军的鸣炮警告,换坐小艇,强行闯入黄浦江,在上海县城东门外天后宫靠岸。上岸后,他们一边与上海道台进行礼仪上的纠缠,拖延时间;一边抓紧在上海活动,测量航道,探测军情民风。他们曾经躲藏在江边芦苇丛中,访查进入上海港的船只。

经过7天的观察，他们发现共有400余艘式样大小不一，载重量在100～400吨的帆船由吴淞口驶进上海。后来有几天，则见有南方来的商船，每天30到40艘，这些船有福建的，也有来自台湾、广东、琉球、安南、暹罗等地的。这些数字令胡夏米他们大吃一惊，因为如果以此推算，这就意味着当时上海港的年货运量已完全能与欧洲的一些大港抗衡，而位居世界主要港口之列。惊喜之余，这批开路先锋深感遗憾，称上海这个亚细亚巨大的商业中心，"如果欧洲商人准许来上海贸易，它的地位更能大为增进。外国商品在上海的消耗量很大。这样大的商业活动区域，以往一直被人忽视，实在太令人奇怪了"。

"阿美士德"号于7月8日离开吴淞口，9月5日才回到澳门。胡夏米、郭士立回去后，立即把他们的考察情况写成报告，通过东印度公司送到英国政府。报告中，几次提到了上海，"这个地区的自由贸易对于外国人，尤其对英国人的好处是不可估计的"，并且特别强调对"这一地区在对外贸易方面所拥有的特殊优越性，过去竟然未曾引起相当注意，是十分令人奇怪的"。此后，上海尤其是它的港口所具备的优越条件，也逐渐为闯入中国的西方人所知悉。19世纪30年代，英国传教士麦都思北游中国沿海地区，其间也到过上海，回去后说："上海虽然只是一个三等县城，但却是中国东部海岸最大的商业中心，紧邻着富庶的苏、杭地区，由此运入大量丝绸锦缎，同时向这些地区销售各种西方货物"，继而断言："上海的贸易即使不超过广州，至少也和广州相等。"另一位英国人福钧在晚些时候也说："就我所熟悉的地方而论，没有别的市镇具有像上海所有的那样有利条件。上海是中华帝国的大门，广大的土产贸易市场……内地交通运输便利，世界上没有什么地方比得上它。"这些评论深深地吸引与诱惑着西方的商人、官员与传教士。

迫不及待的英国殖民者终于决定用大炮轰开中国紧闭的大门。道光二十年（1840）6月，英国政府以所谓的禁烟问题为借口，悍然发动侵华战争。1842年6月，英军舰队已逼近长江口。为了保卫长江门户，清廷从各地抽调大量兵力，并令两江总督牛鉴驻守上海县督战。负责吴淞口防务的是60多岁的老将陈化成。6月16日拂晓，英军猛攻吴淞口，陈化成沉着指挥，英舰被击中多次。这时，牛鉴见前线战况尚好，陈列总督仪仗，乘大轿，威风凛凛前往宝山视察。英军从舰上望见牛鉴乘舆，知系大官，立即集中炮火轰击。牛鉴见周围随从击毙倒地，大骇，弃轿而逃。其他将官顿时也惊恐万分，纷纷逃遁。事出突然，经此一变，士气大受影响。陈化成部不久就陷于孤军作战的困境。英军分兵几路，从水陆包抄过来。危急关头，陈化成大呼："武臣卫国，死于疆场，幸也，尔等勉之！"守军官兵誓死抵抗，以顽强的斗志与蜂拥而上的侵略军进行了艰苦的肉搏战。陈化成身先士卒，亲自装弹发炮，后身中流弹，血染战袍，犹挥动旗帜不止。终因流血过多，壮烈殉国。英军在付出沉重代价后占领了吴淞炮台。吴淞失守，上海县城失去屏障，加上官员昏愦腐败，先期而逃，使英军进攻上海十分顺利。6月19日，上海失守。

这次英军进攻上海，是为了打开长江通道，并向江南内地进犯，久占上海不是他们的真实意图。在进行了一番盗掠侵扰后，英军撤出上海，转而沿长江向镇江、南京进攻，但仍留下部分军舰封锁吴淞。1842年8月5日，英国舰船80余艘已经停泊在南京下关江面。兵临城下，颟顸的清朝政府屈服了。8月29日，清钦差大臣耆英、伊里布，踏上英国"皋华丽"号军舰，一字不改地接受了英国全权代表璞鼎查提出的全部和约条款，签订了中国近代史上第一个不平等条约——中英《南京条约》。吴淞口的英军在清政府交出所谓"赎城费"后才撤除了封锁。上海就在《南京条约》中被列为通商口岸。

在列强坚船利炮的威逼下，上海被迫开放。1843年11月8日，曾在英国驻印度部队服役的军官巴尔富到达上海，被任命为英国首任驻沪领事。翌日，巴尔富前与上海道台宫慕久会晤，商谈开埠事宜。当时宫慕久对巴尔富提出的住宅问题表示无法解决，后巴尔富自己出面，在上海县城内一条东西大街上租得一处顾姓住宅，上下共52间，并加紧筹建领事馆。11月14日，巴尔富发布第一号通告，宣布上海于11月17日正式开埠，同时将领事馆位置告知英商。在通告中，巴尔富还擅自划定自县城起至吴淞长约13英里的地区为上海港区，规定从苏州河到洋泾浜（今延安东路外滩）为外国船只停泊区域。这明显越出了他作为领事的职权范围，侵犯了中国的主权。道光二十三年九月二十六日（1843年11月17日），在清政府的默认中，上海开埠了。

上海开埠，但没有解决外国人的居留问题。早期来沪的英国商人，大多是匆忙的过客，做完生意随后离去。留居上海的一些英国人只能借住在县城外沿黄浦一带的民房，居住条件十分恶劣。因此，他们建议领事出面要求在上海购地建房。当时，上海城外的农民出于感情上的因素，都不愿把土地卖给外国人。当地官吏也表示地系百姓私产，官家不能强迫使之出售。由于《南京条约》没有对外国人租地造房作出具体规定，唯一可作援引的是1843年10月订立的《虎门条约》（即《五口通商附粘善后条款》），其中提到了英国人租赁一事。按照该条约规定，英商在五大通商口岸租地，须就地方民情地势，议定界址。事实上，租地事宜仍要领事官与中国地方具体商议。于是，巴尔富与宫慕久开始就上海居留地问题进行谈判。

首先英国人提出居留地的大致区划。他们看中了上海县城北面这块后来被称为外滩一带的地块。当时这里除有少量农田外，余则卑湿之地溪涧纵横，一至夏季，芦草丛生，田间丘墓累累。从传统的农业经济角度审视，这片荒僻沮洳之地没有太大的经济价值。然而，英国人却是经过周密考察的，这里濒江近海，空间开阔，重洋巨舰可以随时直抵黄浦江畔。为了得到这块土地，巴尔富处心积虑，他对宫慕久说，划定一块土地专供外国人居留，"华洋分居"，可以避免彼此间的纠纷。清廷划立居留地的本意也有这层考虑，所以上海地方官员也就同意了英国方面的地块选择。在随后酌议具体界址、居留形式等问题时，中英双方却遇到争议，颇费周折。谈判中，巴尔富提出卖绝土地的要求。把土地卖与外国人，这为中国法律所不容许，因而遭到上海道台拒绝。后巴尔富请英国政府与中国当局交涉，要求由英政府出面买下整块土地，也因条约上没有此项规定而搁浅。从 1843 年起，巴尔富与宫慕久的谈判时断时续，与此同时，英国商人、传教士乃至领事官员一直在与黄浦滩上的农民私下接触，并达成了一批土地转让协议。大约两年过去了，谈判也终于有了结果。道光二十五年十一月初一日（1845 年 11 月 29 日），宫慕久以道台名义发布告示，这个告示就是他与巴尔富"依约商妥"的《上海土地章程》。

《上海土地章程》因以告示形式公布，前有"晓谕"，后列 23 款，其主要内容有：①确定界址。决定将已议定的洋泾浜（有写杨泾浜）以北、李家场（一称李家厂，今北京东路）以南地基租给英商建房居住。这实际上就是英居留地的南北界址。东面以黄浦江为天然界限，西界当时没有明定，直到次年 9 月，双方才议定以界路（今河南中路）为西界。这块居留地面积为 830 亩。对于租地定界的细节问题，该章程还列几款作了特别说明。②规定租地办法，明确外国人租地须办的手续。针对早期英商在租地时年租未能划一的事实，章程单列一条，以统一标准，此后"均以每地一亩年租 1500 为准"。虽然这个章程当时没有确立出租地契（俗谓"道契"）的样式，但条款中的一些规定实际上已经成了此后道契的契文内容。章程也没有出现"永租"字样，却准许外国租地人退租，退租时中国业主必须退还押租，而不准原业主任意退租，更不准再议加添租价。所以，租赁与否完全取决于外国人，名为租赁，实同买卖。③英国人初步获取居留地的管理权。章程规定："别国之人，如有在议定洋泾浜以北租给英商界内要租地建房，或租屋居住存贮货物，宜先向英国管事官说明能否议让，以免歧异。"这块居留地实际上成了英人专管。其他一些条款也相继规定英国人拥有管理市政的权力。这是对中国主权的严重侵犯。

英国人通过上海道台公布的这个《土地章程》，捷足先登，率先在近代中国攫取了一块居留地。由此产生了上海租界，虽然当时中国政府对这块土地还拥有相当大的权力，包括领土主权、界内土地管辖权、行政权、司法权，然而，缺口毕竟撕开，西方列强利用清朝政府的软弱，变本加厉，软硬兼施，逐渐扩大居留地的权力。因此，1845年的《上海土地章程》后来经外国侵略者不断修改，被视为上海租界的"根本法"，并成为中国各地租界辟设和订立制度的基础与依据。

二 租界:"国中之国"

英、法、美三国租界的开辟

按照 1845 年《上海土地章程》,英国人索取到一块土地。当时这块土地仍由中国政府管辖,属于真正的居留地,英文称"Settlement"。这块被外人译为租界的居留地,与后来外国殖民者直接统治的租界有着本质的区别。清政府的如意算盘是,通过划定界址,把外国人限制在居留地内,以期达到"永久彼此相安"。然而,这只是一厢情愿。刚站稳脚跟的英国人并不以此为满足,又在觊觎界外的地块,而迟到的法国、美国岂能再失良机,早就想与英国平分同坐,利益均沾。于是,三国竞相租地,上海的居留地不断扩大。与此相伴,即是中国主权的不断沦丧,租界性质开始发生嬗变。

上海英租界是近代中国大陆的第一个租界。英国人取得划地居留的特权后,不断寻机扩展地盘。继 1846 年明定西界,设界路,两年后英租界又进行了首次扩张。这次扩界的成功源于一次教案。1848 年 3 月

8 日，英国基督教伦敦布道会传教士麦都思、雒魏林、慕维廉三人，违反中英开埠时议定的"外人行走之地，以一日往还，不得在外过夜"的规定，私自去青浦活动。在青浦城隍庙散发布道书时，传教士与当地看守漕船的水手发生冲突。雒魏林出杖打人，激起公愤，引发争殴。后传教士在青浦县衙的护持下返回上海。这就是"青浦教案"。英国驻沪领事阿礼国闻讯，大做文章，以停付全部关税，不许任何漕船出海，派军舰去南京相胁迫，威逼中国方面"惩凶"，致使中国千余艘粮船无端受阻半个月。最后，清政府卑怯求和，把青浦的 10 名水手带到英租界枷号示众，其中两名所谓的"主凶"分别被判徒刑和充军流放，咸龄的上海道台一职也被革，还派官员向三位传教士赔银道歉。清廷对这一事件的处理使在沪的西方殖民者多少感到有些意外。阿礼国从中大受鼓励，认为机不可失，更加肆无忌惮地向新任上海道台麟桂提出扩充租界的要求。这个贪得无厌的要求，几乎不折不扣地被麟桂接受了。1848 年 11 月 27 日，双方签订协议，宣布英租界西界从界路扩展到周泾浜（今西藏中路），北界由李家场推进到苏州河。英租界面积迅速扩大到 2820 亩。

上海英租界的开辟与伸展，使法、美两国殖民者十分眼红。早在 1844 年，美国、法国先后迫使清政府订立《中美望厦条约》与《中法黄埔条约》，取得了和英国相同的在华特权，使美、法也可援例在上海租地造房。1844 年，美国旗昌洋行的商人吴利国到上海，不久住进英租界。吴向美国公使自荐任驻沪领事。

1846 年，吴利国如愿出任驻上海代理领事，随后在英租界内设立领事署，并升悬美国国旗。吴的举动被看做是对英国独占租界的挑战。在这块中国政府仍拥有主权的土地上，英、美殖民者勾心斗角，一方表示"抗议"，另一方则不予理睬。为了打破英国人拥有租界的专管权，美国驻上海领事又强迫上海道台与他们直接商议，而没有通过英国领事。事实上，美国人不过是表明一种姿态，目的是为了取得与英国同样的租地权利。在美国领事争权夺利的同时，一批美国传教士已在其他地方悄悄筹划建立美租界。起初，以文惠廉主教为首的美国圣公会，以造教堂为名，在苏州河北岸虹口地区广置田地，传教布道，建造房屋，大力发展美国势力。1848 年，文惠廉见时机成熟，即向上海道台吴健彰提出将虹口划作美国租界，得到吴健彰口头承诺。这一年，美租界没有划定界址，也无任何协议订立。1852 年 2 月，美国领事馆正式迁入。

法国第一任驻沪领事敏体尼是 1848 年 1 月到达上海的，他先在上海县城与英租界之间的地段内租赁房屋，设立领事馆。同年 7 月，有位名叫雷米的 32 岁的法国商人致信敏体尼，要求租地经商。以此为理由，敏体尼马上向吴健彰提出租地要求。敏体尼还选定了所租地区的位置，"认为洋泾浜南岸，从城关开始可一直伸展至将来需要的地点为止，最是适宜"，即上海县城与英租界之间的一片土地。吴健彰根据 1845 年《土地章程》的规定，要他与英国领事联系，到已划定的英国租界内去居住。敏体尼见吴健彰如此答复，大为恼怒,随即写了封措辞极为强硬的抗议书。该信以不平等条约为护符,威胁上海道台,说他要报告法国公使,去向北京政府控告,并表示拒绝与英国领事接触。就在这时,上海道台易人,麟桂新任受理此事。敏体尼继续施加压力,麟桂终于屈服,同意就辟立法租界签订协议。1849 年 4 月,上海道台公布划定法租界界址告示:勘定上海县城北门外一处地,南至城河,北至洋泾浜,西至关帝庙诸家桥,东至广东潮州会馆沿河至洋泾浜东角,注明界址,允准租与法国人。法租界正式形成,面积共 986 亩。该告示还宣称:"倘若地方不够,日后再议别地;若需另划新地,亦当会商议定。"这为以后法租界借口扩张提供了依据。

上海开埠短短几年,在上海县城北边就出现了英、法、美三大租界。英、法租界以洋泾浜为界,东临黄浦江;英、美租界夹持吴淞江(苏州河),地势开阔。江海通津均被占据,内扼上海县城之咽喉,外通大洋,可引重洋巨舰,整个上海的军事、政治、经济开始落入西方殖民者之手。英、法、美三国租界的开辟,是外国人在上海侵略基地的初步划定。

② 租界的管理机构

近代上海城市形成的格局相当奇特,英租界、美租界(后英、美租界合并)、法租界以及华界(以上海县城为中心),各为一方,各自为政。在租界内,外国人开工厂,设银行,建教堂,办学校,出报刊,看戏、赛马、赌博……几乎像在自己国内一样生活。这里拥有相对独立的行政权、立法权、警务权、司法权，巡捕、监狱、法庭也一应俱全。这块中国的土地，中国政府的权力却难以鞭及，成为"国中之国"。上海租界的殖民地化经历了一个复杂的发展过程。

开埠伊始，定居上海的外国人并不多，1844年在上海的外国侨民仅几十人，到1846年也只有120人。但租界内的西方殖民者却已准备行使管理权，1946年12月，他们举行会议，决定成立一个三人委员会，称"道路码头公会"，负责道路、码头建设事宜，并授权该会对租地外人按土地面积征收捐税。在这次会议上，还规定以后每年一月举行一次租地人会议，听取道路码头公会关于收支和建设情况的报告，并选出下一轮委员会。这个道路码头公会后被认为是租界工部局的原型。但是，当时英租界的道路码头公会尚属自助性质，并不享有行政权，更无自治自理租界的特权。界内华民的征税权、管理权以及对租界一些外国事务的审核权，都控制在中国政府手里。

1853年至1854年间国内政局的变动，以及上海发生的一系列事件，深刻地影响到租界的走向。如果说太平天国运动爆发初期，因相距于上海千里之外，而没有形成多大的冲击；那么，到1853年3月，太平军已占领南京，并继续挥师东进。这时，上海的中外势力再也坐不住了。清政府先后向上海各领事发出求援照会，乞求各国派军舰去南京攻打太平军。随后，上海道台吴健彰也要求各国用武力保护上海县城。英、美、法等国则密切注视事态进展，不断掂量清政府与太平军各自的实力。在尚不明晰谁为胜家的前提下，它们采取了所谓的"中立政策"。这种"中立"，并非完全袖手旁观，置身局外，而是出于自身利益考虑，企图以"最稳健之政策"，暂时观望，伺机而动，从中勒索更多的特权。

就在这时，上海爆发小刀会起义。有关小刀会起义的详情，下文将作进一步介绍。小刀会的烈火在毗邻租界周围熊熊燃烧，引起西方殖民者的极度惊恐。它们唯恐失去上海，自然不会无视起义军的行动。然而，外国人也不会轻易帮助清政府剿"寇"。于是，正当清军全力对付太平军、小刀会，疲于奔命，焦头烂额之时，侵略者却在一旁趁火打劫，浑水摸鱼。争夺上海海关权就是其中较为典型的事例。

小刀会攻占上海城的第二天，位于租界内外滩的上海海关被捣毁。当天，租界当局派兵窃据了海关。随后，英、美领事各出布告，宣布自9月9日起，实行"领事代征制"，谓在中国政府无力收税的情况下，由领事代原海关向英、美商人征税。这是变相劫夺中国的海关主权。后由于各国利益冲突，意见相左，致使"领事代征制"不了了之。当时，清政府亟须大量税款用于镇压太平军起义，而上海关税向为其大宗。因此，迅速恢复上海海关，成为清廷的大事。上海道台做了种种努力，但均因英、美、法蓄意阻挠而行之维艰。清政府又不敢与殖民者翻脸，而且还一直想利用外国人来帮助消灭小刀会。这时，发生了泥城之战，这场表面上是外国侵略军与清兵的冲突战，最终却微妙地使双方勾结到了一起。

泥城，在今西藏路桥一带，当时属英租界与华界的交接地，一边是外国人开辟的跑马场和公园，一边为驻扎在新闸地区的清军营房。两面紧贴，清军与前来骑马散步的外国人时有摩擦，是块是非之地。1854年4月3日下午，一对外国情侣在跑马场附近散步，与清兵偶起争执，随后发展成械斗，由于双方前来助战的人数增多而使事态扩大。英国海军、租界内的义勇队以及美国士兵陆续卷入，甚至动用了大炮。租界当局借此事端，向清驻沪军队及上海道台发出最后通牒，限令清军在次日下午撤离到租界西面两英里外，否则就要攻打清军营房及其他军事设施。这一蛮横要求遭到中方拒绝。第二天，英、美军舰开炮轰击停泊在黄浦江上的中国兵船，并攻打清军营地。清兵还击，后支持不住，迅速溃败。租界近旁的清军营房尽被焚毁。泥城战后，双方关系发生重大转折，清政府以出卖大量主权为代价换取了与侵略军联手镇压小刀会的"默契"。

清政府首先把上海海关主权拱手献给外国人。是年6月，上海道台与各国领事就海关问题进行谈判，并签订有关协定，共8款。不久，由三国领事指派人员组成关税管理委员会。清廷在上海设立的两个内地关卡随即撤裁，海关关税行政就此落入外人囊中。后两江总督还任命英国人为总税务司。"外人帮办税务"，滥觞于上海的这种半殖民地海关制度，后来扩展到中国其他通商口岸。

得陇望蜀，气焰器张的殖民者在不到一个月后，又抛出了一个蓄谋已久的方案——修改 1845 年《上海土地章程》。趁小刀会起义之机，英、法、美三国驻沪领事就在酝酿策划新的土地章程。1854 年 7 月，上海租界当局正式公布这个经三国公使共同签字的新土地章程。几天后，在外国人自行召集的租地人会议上通过，定名为《上海英法美租界租地章程》（一般也称第二次《土地章程》）。既成事实后，才移文告知上海道台，要求追认接受。第二次土地章程共 14 款，规定了租界的界限、租地、立契、纳租、起造等内容，事涉较重要部分的修改就是关于成立工部局。

7 月 11 日，英、法、美三国领事在英领事馆内召开租地人会议，决定解散英租界道路码头公会，成立统治三国租界的市政机关——工部局。工部局由选举产生的董事主持，规定每年召开一次选举董事的会议。在工部局内设立防卫委员会，通过决议，可请各国海军登陆，参与租界防御，并随时可以要求界内居民保卫租界。租界内以前的更夫此后换成武装巡捕，聘任捕房总巡，并明确巡捕完全归工部局指挥，剥夺了中国政府的警察事务权。工部局有权向租界华人征收捐税，这实际承认工部局对租界内中国居民有管理权。遇有民事、刑事案件，租界内条约国外人因早有领事裁判权可得以庇护。针对太平天国战争时期大量人口涌居租界，1854 年的《土地章程》默认"华洋杂居"的事实，并规定此后事关华人的案件，也可由工部局董事每周轮流充当法官，自行审理。工部局逐渐发展为一个独立于中国行政系统以外的殖民统治机构，它总揽租界全局，下设警备、工务、财政税务、卫生、铨叙、公用、交通、学务、宣传、音乐队、华人小学教育、图书馆等委员会，完全具备了一个自治自理"政府"的职能。

1854 年重订的《土地章程》是上海三国租界共同接受的"宪法"。工部局的成立，使以前各自为政的三大租界在行政权上有所统一。然而，这种局面是暂时的。事实上，从一开始在法租界就表现得极为勉强，工部局作为上海租界统一的行政机构，它的权力很难渗透到法租界内。在法国与英美之间发生几次摩擦后，法租界当局更加耿耿于怀，认为工部局是要法租界放弃特权，去承担共同的负担，而从不考虑法国人的利益，忘记了他们的尊严。法国领事在其公使的支持下，一直在谋求法租界的"独立"，先后设立了法租界的巡捕房及管理道路委员会。后来，英、美领事一再要求法国人承认共同修订的《土地章程》在法租界实施的有效性，并表示不能容忍在工部局外再存在一个外人的自治机关。这时，法国人即以该土地章程未曾获得法国皇帝批准为借口，宣布章程内有关租界部分的内容无效，拒绝服从工部局管理。随后，另起炉灶，在法租界内筹划组建一个类似工部局的殖民统治机构。1862 年 4 月，法国领事宣布成立大法国筹防公局，不久，改称公董局。

法租界公董局也设董事会，由 5 人组成，处理法租界内的一切事务。公董局下设市政总理处、公共工程处和警务处。公董局和英美租界的工部局一样，都是租界内部建立的殖民地行政机构，两者的董事会均由所谓租界内的租地人会议选举产生。有所不同的是，法租界公董局的权力相对说来不及工部局，公董局的决议最终要经过法国驻上海领事同意才能奏效，否则不得执行。后又出台法租界《公董局章程》，对法租界立法、行政机构组织办法作了全面规定。该章程赋予法国领事以更大的权力，规定公董局董事应由领事和通过选举确定的 4 名法籍董事、4 名外籍董事组成。董事会任期两年，每年改选半数；董事会总董一职由领事兼任，他有权停止或解散董事会。

立法、司法、行政是近代资本主义国家的主要职能，西方殖民者在中国拥有主权的领土内也精心按照国家的职能成立了具有行政权力的工部局、公董局，作为他们的"政府"，初步确立了租地人会议的立法制度，另外又组织了上海地方义勇队（后改称"万国商团"），攫取了上海海关主权，加上各国驻沪军事力量的威慑，"国中之国"的雏形出现，这是殖民地式的上海租界形成的初始阶段。

✿ ３　租界的扩张与合并

英、法、美等国在不断侵夺租界内部管理权，建立殖民统治机构的同时，又采取种种手段扩大租界范围。

1860 年以后，法租界人口猛增，界内地皮顿觉紧张。当时，法国皇家邮船公司准备在上海开设分公司，向法国领事爱棠提出租地要求。早有意思扩展租界的爱棠，趁机请公使出面与中国政府交涉。此时正值清政府向英法借兵围剿太平军，自然满口答应上海法租界的扩界要求。1861 年 10 月，爱棠照会上海道台，要求重订法租界东部界址。法租界第一次大规模扩张的要求就这样轻而易举地得到实现。经过这次重订界域，"法租界南面界线一直延伸到出小东门直通黄浦江之小河沿"，靠近黄浦江的边界也扩伸了 650 多米。整个法租界的面积已达到 1124 亩。

英租界南、北受法、美租界之限，无法伸展，继1848 年首次向西部扩展成功，以后又多次通过越界筑路的办法，吞食界外土地。在泥城浜以西先后越出原有界址，筑起了静安寺路（今南京西路）、新闸路等，造成既成事实，扩充租界面积。

在英、法租界积极谋求扩张的过程中，一种引人注目的新格局出现了，这就是英、美租界的合并。这是颇具戏剧性的，一方面，法租界为了保持"独立"，拒绝工部局的统辖，单独设立公董局；另一方面，英、美租界却在积极酝酿合作。这里有一个小插曲。自上海租界工部局成立，权力日益扩大，机构设置也逐渐庞大。1862 年 6 月，工部局所属的防卫委员会提出了一个狂妄的计划，建议把上海县城及其周围地区置于英、美、法、俄四大国保护之下，组织一个"自由市"。"自由市"计划一出笼，便成了中外各界关注的热点。它践踏中国主权，遭到中国人民的强烈反对。

同时，因为不符合英国侵华的全局利益，这一计划很快被英国政府否决。继之，美国及其他国家也表态不赞成"自由市"计划。殖民者一手策划的上海自由市阴谋最终没有实现。然而，英美在加强上海租界殖民统治的行动上却日趋和谐。于是，谋求英、美租界的合并步伐加快。

美租界与英租界仅苏州河一水之隔。由于虹口美租界初立时并无协议，也没有明确划定界址，因此，租界当局首先要划定美租界的范围。1863 年 6 月，美国领事与上海道台议定章程，划定美租界界址：西面从护界河（即泥城浜）对岸之点（约在今西藏北路南端）起，向东沿苏州河及黄浦江到杨树浦，沿杨树浦向北 3 里为止，自此向西划一条直线，回到护界河对岸的起点。1863 年 10 月，英、美租界正式宣告合并，称英美公共租界（1899 年正式改称"上海国际公共租界"），当时也有称"洋泾浜北首英美租界"，以示与洋泾浜以南的法租界相别。

公共租界、法租界构成近代上海租界的两大基本板块。19 世纪下半叶，公共租界、法租界又几次扩张。60 年代以后公共租界和法租界历次扩展的面积详见表 1 和表 2。

表 1　公共租界扩展面积表

扩展时期	占地面积(亩)	扩展时期	占地面积(亩)
1863	5860	1899	32110
1893	10670	1915	52570

表 2　法租界扩展面积表

扩展时期	占地面积（亩）	扩展时期	占地面积（亩）
1861	1124	1914	15150
1900	2135		

4 "纳税人会议"与会审公廨

工部局是殖民者在上海租界设置的行政机关，拥有较大权力，然而在具体行使职权时，也会遇到干扰，如曾出现部分外国商人抗拒工部局征税的现象。之所以会有这样的问题，工部局认为这是缺乏法律依据所造成的，于是决定重新修订 1854 年的《土地章程》，以此巩固租界制度，进一步扩大工部局的权力。

1865 年 3 月，工部局董事会举行特别会议，决定设立一个委员会专门从事修改土地章程。随后，这个委员会拿出了一份修改草案。这份名为《上海洋泾浜北首租界章程》直到 1869 年 9 月才经北京公使团批准暂行，一般也称 1869 年《土地章程》。该章程不仅没有中国人参与制定，而且连中国政府批准的手续也没有办理。作为工部局统治租界的法律依据，1869 年的《土地章程》一直存在了 70 余年。章程共 29 款，对租界的立法、行政机构的组织办法作了全面、系统的规定，它使上海租界的殖民统治制度更加完备。可见，继"上海自由市"计划破产后，殖民者仍念念不忘把上海租界当做"独立国家"。

　　1869 年《土地章程》使工部局获取了更大的权力。此外，引人注目的一点是确立了所谓的"纳税人会议"。这是由原先租界内的租地人会议发展而来的，但纳税人会议的成员已不仅仅限于租地人。章程规定凡租界内具有一定资产的外国人都有选举权，有关财产资格的限制为"所执产业地价计 500 两以上，每年所付房地捐项照公局（即工部局）估算计 10 两以上（各执照费不在此内），或系赁住房屋，照公局估每年租金计在 500 两以上而付捐者"，这些人均为纳税人。这样的资格审定，增加了纳税人会议的有效性，扩大了租界"自治制度"的统治基础。纳税人可请人代表出席纳税人会议并投票，称为"代投票制"。纳税人会议分年会与特别会。年会主要选举工部局董事，监督工部局的财政收支，等等。特别会不定期召开，由各国领事随时召集。须有 1/3 以上的纳税人参加，与会者过半数通过的决议方为有效。纳税人会议实际上就是公共租界的立法机关，是"议会"。应该指出的是，当时的纳税人会议完全是租界内外国人的事情，定居于租界内的中国人即使有财产资格也无权参加，中国居民没有权力管理租界的事务。

　　作为一套完整殖民地统治制度的确立，除立法权、行政权外，还有一个重要方面就是司法权。英、美、法等国的殖民者也在一直谋求褫夺中国政府在上海租界的司法权。

　　自鸦片战争后，清政府逐渐丧失了一个主权国家理应行使的司法权。西方主要国家的侨民在中国违法犯罪却不受中国法律制裁，殖民者手握的这个护身符就是"领事裁判权"。有关国领事据此可以设立领事法庭，行使这一特权。相继在上海设立领事法庭的除英、法、美之外，另有德、俄、比、意等13国。领事法庭拥有警察，后来英、美等国还在上海租界成立法院，甚至建有监狱。

租界初辟，华民在界内滋事犯法，其审判权仍属清政府。还有一批无国籍的或者尚未与中国订约国家的侨民，他们都没有治外法权的庇护，犯了法均按中国法律治罪。小刀会起义之际，大批中国人涌向租界，"华洋分居"的格局被打破，上海地方官府陷于瘫痪，英、美等国领事趁此机会开始对中国居民实行管理，并受理有关华民案件。事后，昏昧无知的上海地方官府不仅默认领事审讯华民的事实，而且竟借不通语言、无从辨别为由，把中国官厅原管辖无约国家在沪侨民的权力也拱手让给英、法租界当局。更为荒唐的是，上海道台有时还把外人控告华民的案子主动移交领事署处理。

1864年5月，租界当局经与上海道台交涉，组成了洋泾浜北首理事衙门。这是由上海道所派委员与英国领事共同组成的法庭，附设在英国领事馆内。这个名义上属中国独立的官署，在审理与华民相关案件中，却要求中方官员处处须有外国陪审官参与，而且断案时英美等国的陪审官也掌握了相当的权力。理事衙门的设立，离殖民者所企望的目标还很远，在他们眼里只能算是过渡中的审判机构。1869年4月，《洋泾浜设官会审章程》正式颁布，宣布成立会审公廨（又称会审公堂）。按规定，会审公廨由上海地方政府委派同知一员主持，受理各国租界内的华人、无约国人为被告的各种案件。但涉及外国人甚至外国人雇佣华人的案件，则须由外国领事亲往或派员参与会审。对不服会审公廨的判决，虽已由领事官参加会审，仍可向领事官和上海道控告复审。这样，领事能以"上级法院"的资格对中国审判官员的案件予以再审。另外，规定为外领服役的华人须经外领同意才能拿捕。会审公廨的设立，给外国领事肆意扩大权力创造了条件。此后，英、美等国领事一方面限制与淡化上海道台对会审公廨的支配权，另一方面又设法扩大公廨的审判权，凡此就更加突出了外国领事的主宰权。公共租界会审公廨初设于洋泾浜北首理事衙门原址，1899 年迁至北浙江路（今浙江北路），时称"新衙门"。几经演变，会审公廨的判决执行权又被工部局所僭夺。工部局有捕房，有监狱。中国政府在租界内残存的司法权也荡然无存了。

当时，上海两个外国租界内都设有会审公廨。法租界内的会审公廨是根据法国领事与上海道台另外所订有关法租界会审章程成立的。法租界会审公廨长期依附在法领事署内，设有一个定期会审的常设法庭。法国人对中国司法权的侵夺更为露骨，凡属法租界内中国居民的案件，无论民刑、轻重，概由法领事和上海道台或者他们的代表，以其对等的地位会同审理，而实际上又往往由法方陪审官主宰，刑事案件一旦判决皆不准上诉。平时会审公廨的大小司法行政事务都被法国领事牢牢掌握。

19世纪60年代以后，英、法、美等国先后通过对几个章程的修改重订，互为补充，逐渐以法律的形式巩固与完善了上海租界内的行政、立法、司法制度。至此，各种职能齐备、自治自理的"国中之国"格局基本形成。

三 屈辱中的抗争

✿ 小刀会起义

西方列强以坚船利炮轰开了中国的大门，上海作为最早开放的口岸，首当其冲受到西方资本主义势力的猛烈冲击。洋船涌入，洋布倾销，传统的土布、沙船业不堪一击，纷纷飘零萎缩。上海港交通东西南北，近代以前就有众多依赖贩运土布、土产为生的船家水手，这时也大多濒临绝境。由于殖民者入侵而引发的各种新矛盾在日益激发，这使原本岌岌可危的清朝统治更加摇撼不定。19世纪四五十年代，各种反抗情绪在全国各地蔓延。在通商口岸的上海，爆发了小刀会起义。

小刀会，创建于南方的厦门，是当时民间流行的秘密组织，属天地会的一个支派，其成员以手工业者、农民及航运水手为主。上海与闽广沿海历来有频繁的海上往来，所以小刀会也很快传到上海。破产的水手、生计日绌的手工业者在上海陆续加入这个秘密组织。不久，小刀会与上海本地的其他民间团体会盟，从而在短时期内组成了一支庞大的队伍，其名通称小刀会，首领是刘丽川。刘丽川，广东香山人，早年在香港参加天地会，后定居上海。会说英语，通医道，经营过丝茶糖业，在群众中颇有威信。青浦天地会首领周立春、罗汉党的徐耀、百龙党的潘起亮、兴安会馆的李仙云、都是上海小刀会的重要骨干。

上海小刀会憎恨殖民者的贪婪，曾在揭帖中予以痛斥："以鸦片毒我生灵，以洋船掠我资财，吞食鲸吞，得寸进尺"，"强占民地，挖掘坟墓，高起洋楼"。小刀会甚至明确宣称"我等别无他途，惟有把殖民者赶出去"。小刀会对昏聩腐朽的清政府欺内媚外一套也深恶痛绝，不断组织农民抗粮，设计夺取漕粮。1853年春，受太平军攻克南京和福建小刀会起义的影响，上海小刀会决定发动武装起义。他们为此周密部署，派人打入官衙内部，参加当地团练。每名小刀会会员都藏有一柄小刀，作为秘密标志。9月5日，小刀会首先在嘉定进行武装行动，迅速攻占了这座县城。9月7日为孔子诞辰，作为惯例，上海地方官员一早前往城内文庙，例行祭祀典礼。小刀会准备利用这一机会进行袭击。清晨，起义军在刘丽川的率领下，进攻上海县城。内外呼应，几千名小刀会战士一举攻入城内。旋又分兵两路，一路会攻道台衙门，一路杀向文庙。上海知县在顽抗中当场毙命，上海道台吴健彰被生擒，其他文武官员四处逃窜。这座拥有20余万人口的县城，不到半天时间，就被一批头裹红巾，只有长矛和小刀的小刀会会员占领。

"反清复明"，是清代一些秘密团体的宗旨。小刀会在上海建立的政权，即谓"大明国"，刘丽川被推为第一首领，称作"大明国统理政教招讨大元帅"。在城内设立总指挥部。下分几个指挥部，为了取得太平天国的支持，小刀会不久将国号改称"太平天国"，刘丽川还上书洪秀全，报告上海小刀会起义的经过，表示愿意接受太平天国的领导。在攻克上海县城后，小刀会战士一鼓作气，在不到10天的时间，就先后占领宝山、青浦、南汇、川沙等上海附近各县，并派主力攻打太仓，拟与苏州小刀会联合，夺取苏州。这时，江南各地清军才如梦初醒，集聚大量兵力前来镇压。无奈寡不敌众，小刀会只好收兵，退守上海县城。

小刀会占据上海县城，张贴告示，宣布起义军锄奸除暴，以取得当地居民对他们的支持。县城与法租界相邻，小刀会在攻占上海后，立即宣布保护外侨财产，允诺仍与各国照常通商。后来，刘丽川致函各国驻沪领事，称小刀会属太平天国领导，要求各国严守中立。然而，租界是西方列强的侵略基地，是它们的东方乐土。小刀会与清军激战的刀枪声，搅乱了殖民者的美梦与宁静。从一开始，各国侵略者对小刀会就怀有敌意。被小刀会擒获的上海道台吴健彰就是由美国领事馆设法救出的。美国领事馆派人潜入县城，把吴健彰乔扮成商人，溜到城墙根，然后用绳子把他吊出城外藏匿起来。也就是在美国人的支持下，吴健彰很快组织了一支队伍，向小刀会反扑。在小刀会起义初期，英、美、法等国表面上奉行"中立"政策，宣布上海租界为"中立区"，不允许清军和起义军进入。但事实上，小刀会起义影响了侵略者的利益，使他们的贸易活动几陷停顿，就连一向红火的鸦片市场也极度萎缩。因此，殖民者撕破"中立"的伪装，向小刀会举起屠刀，那是迟早的事情。

泥城一战，阴险狡诈的殖民者迫使困境中的清政府就范。而清政府则以出卖主权为代价，换取了与外国侵略者联手镇压小刀会的"融洽"。中外反动势力相勾结，使起义军陷于被动局面。当时，大股清军已从东、西、南三面完成了对上海城的包围。上海县城北门一带原是起义军与外界联系的仅有通道，这时，清军与租界当局商议，决定由英、法、美三国分别沿北门筑一道围墙，这样，起义军就被彻底包围了。1854年12月，法军强行要求小刀会拆除洋泾浜南岸的炮台，遭起义军严词拒绝。法国人遂以此为借口，趁机用舰队大炮轰击小刀会架设在县城与小东门的炮台。随后，法军联合清军向小刀会发起猛烈攻势。1855年1月，法军轰开了县城北门城墙。在炮火的掩护下，侵略军从缺口攻入城内。北门的小刀会战士，凭借熟悉的地形，沉着应战。双方短兵相接，法军大炮失去威力，进入城内的法军大多被起义军伏击歼灭。后靠大股清兵的掩护，法军才狼狈逃出城外。北门一战，小刀会赢得了较大胜利，击毙杀伤法军数十名，清兵损失惨重。此后，外国侵略者和清兵改变作战策略，暂时停止武装进攻，加强封锁，切断外援，层层围困起义军。

　　小刀会战士在后来的 1 个多月内，与外界失去联系、粮食、弹药得不到及时补充，处境极为危难。为了保存力量，小刀会几位首领商议，决定突破重围，撤出县城，北上镇江参加太平军。1855 年 2 月 16 日，这天是农历除夕，深夜，起义军悄悄打开西门，突围而出。第二天，起义军在上海的虹桥与清军发生激烈的遭遇战。经过拼死冲杀，除部分突出重围，刘丽川及众多战士均战死疆场。

　　小刀会起义，爆发于上海这个通商口岸，在艰苦的环境下，小刀会战士孤军奋战，坚守上海县城达 1 月余，最终在清政府和外国侵略军的联合镇压下失败了，但由此掀开了近代上海人民反侵略反压迫的重要一页。

四明公所血案

　　近代上海移民中，浙江宁波人占据了相当比例。宁波别称四明，四明六邑，地狭民稠，襟山带海，其民素有出外经商的习惯。传统社会的游寓者同乡同业，常有会馆、公所之设，地域乡情意识浓郁的旅沪甬人更是如此。早在嘉庆年间，人数日众的上海宁波帮，就在上海县城陆续置地建房，以作公所办公议事、存放货物、留宿同乡之用。后由士商发起，四明同乡踊跃捐纳，在上海县城北门外置地 30 余亩，作为四明公所义冢。桑梓情殷，公所的活动，增强了在沪宁波人的凝聚力。

1849 年法租界建立后，四明公所即被划入界内。因四明公所早经上海知县准允免除税课，所以在法租界内的四明公所也仍被法公董局同意免除一切捐税。此后，法租界当局出于筑路扩界的需要，提出要收买四明公所地皮，准备在公所墓地上开辟马路，并借口卫生问题，蛮横地要求宁波人迁走公所内寄存的棺木。宁波同乡会据理力争，认为在死者的尸骨上筑路通车，致使亡灵不得安宁，这是亵渎之事；起棺改葬，则扰乱遗骸。宁波同乡组织建议租界当局改变线路，并愿意承担由此而多需之费用。1874 年 4 月，法租界公董局就这一问题进行讨论，最后仍置中国人感情与传统习俗于不顾，执意坚持迁墓筑路。

5 月 3 日，法国人来四明公所察看，准备强行拆除。愤怒的宁波人及当地居民聚集到四明公所，举行抗议活动。他们赶走了法国巡捕，并前往负责筑路的法租界路政管理所的一位工程师住所，要求放弃筑路计划。这名工程师竟拔枪向人群射击，当场打死 1 人。人们被激怒了，有人开始放火烧房，喊骂法国人的声音响彻一方。闻讯而来的人也愈来愈多，法租界派出大量巡捕前来弹压，事态进一步扩大。至傍晚，公董局已被密密麻麻的人群所包围。法领事急忙向英美租界当局求救，并又速令法舰水兵登岸。武装的侵略军向人们开枪，又有数人被杀。这时，上海地方政府也派清军赶到，共同驱散人群。这一天，共有中国平民 7 人被打死，伤者不知其数。这就是声震一时的"四明公所血案"。

　　事后，法国人也害怕激起上海人民更大的反法浪潮，不得不取消原先的筑路计划。在群众压力与舆论推动下，清政府总算出面，就四明公所血案与法国方面进行交涉。4 年后，双方才达成协议：中国赔偿法国37650 两，法国以 7000 两作恤银，付给 7 名死难华人家属；法租界放弃原筑路计划；四明公所及其所属地方免纳捐税。处理结果仍然显露了清政府的软弱，但四明公所得以保全，墓地四周也筑起了围墙。

　　然而，毫无信用可言的法国人在几十年后，打着造学校、建医院的幌子，又一次决定强行征收四明公所的一部分地产。这一次，法国人的气焰更为嚣张，不仅是针对四明公所，而且还要大大扩展法租界。蛮横的要求遭到上海地方政府及四明公所的坚决拒绝。1898 年 7 月 16 日，法租界当局决定采取行动。法舰陆战队奉命登陆，气势汹汹，拆毁公所围墙，强占四明公所。在此过程中，法军又与公所内外的围观群众发生冲突，侵略者开枪射杀两名中国人，伤多人。群情震怒，人们开始袭击法国殖民者，抛掷砖石，击碎路灯，使法租界当晚一片漆黑。四明公所散发传单，号召宁波商人立即停止贸易。

　　17 日晨，野蛮的法军疯狂地向手无寸铁的中国平民射击，随后，分道出巡，残酷杀戮无辜百姓。这一天，约有 17 人遭法军血腥屠杀，伤者更多，并有 40多人被捕。这次流血事件称"第二次四明公所血案"。

　　事发后，当时法租界的报纸狂妄叫嚣："中国人还想尝试 1874 年的方法，希望得到同样的成功。但可惜

时机过去了!"拼命为殖民者的屠杀行动喝彩。然而,
上海人民并没有为血腥的残杀所吓倒。17日,在沪宁
波商人全体罢市,工人罢工,水手上岸,被西人雇用
的宁波人也一律辞职,宁波人表现出空前的团结。上
海市民群起声援,这日,法租界内的中国店铺纷纷罢
市,还有人倡议发起抵制法货运动。

为了捍卫自己的财产、权利与尊严,中国百姓不
惜舍命与殖民者相搏。但是,清政府对四明血案中同
胞惨遭屠杀的事实却轻描淡写,为了息事宁人,保全
面子,仅仅要求法国人保留四明公所,而对法租界的
扩张要求则满口答应。随后,中法双方达成了所谓的
谅解:同意法租界扩展;维持四明公所土地所有权;
四明公所坟地不得掩埋新尸或停厝棺柩,原有坟墓亦
应陆续起迁;可在四明公所地面上开筑交通所需之道
路。这个无能的政府又一次屈服于侵略者的淫威。

8 拒俄运动,抵制美货风潮

20世纪初,帝国主义加紧对华侵略,民族矛盾空
前激化。这一时期上海人民的反帝运动具有了更强的
自觉性,尤其是新崛起的资产阶级知识分子群体,从
民族命运的前途出发,密切关注国内外事态发展,在
上海及时发起与组织了几次声势浩大的救亡图存的民
族运动。

这里介绍一下张园,因为它是上海拒俄运动发起
与集会的重要场所。张园,位于静安寺路、慕尔鸣路

（今南京西路、茂名北路），原是洋人所筑，后为一张姓中国商人购得，改称味莼园，又称张园，占地70余亩。门前辟有广场，配有空旷的草坪，对市民开放，是晚清上海人民政治集会的地方，有上海的"海德公园"之誉。

1901年2月，野心勃勃的沙俄帝国提出了旨在独占中国东北三省的有关约款12条，其主要内容是：沙俄有留兵保护东三省铁路的权利；有要求革办中国东北将军大员的权利；中国北境水陆师不用他国人训练；中俄边界各处矿权及其他各项权益，不得让与他国，中国不得在这些地方自行筑路。消息传来，举国震怒。3月15日，上海各界人士200余人集会张园，要求清政府"力拒俄约，以保危局"。一些知名人士，如汪康年、汪允中等，抑制不住内心之激愤，相继上台发表慷慨激昂的演说，呼吁国人"出死力以争此一日之命"。

这次集会迅速在社会上引起强烈反响。不久，又相传沙俄将于3月25日逼迫清政府正式签约。3月24日，上海爱国人士集会张园。这次与会人员更多，据称约有千人，分别来自农工商各界，另有几位西方人士慕名旁听。会议一开始，人们踊跃撰文，宣示公众。一些到会者即兴演讲，声泪俱下，使听者无不动容，"其沉痛处能令闻者兴起"。大会强烈谴责沙俄的强盗行径，并把抨击目标直指腐败无能的清政府。张园集会，得到了全国人民的热烈支持。苏州、南京、杭州、营口、香港等地群众纷纷来函、来电，甚至有捐款者。

大家盛赞上海爱国志士发愤力争的勇气。在全国人民一片强烈的反抗声中，中国谈判代表也深受鼓舞，据理力争，终于没有让沙俄的阴谋得逞。1902 年 4 月，中俄代表签订了《中俄交收东三省条约》。按照条约，在 18 个月内，俄军分三期从中国东三省陆续撤出。

1903 年 4 月 8 日，是规定的俄军从东三省第二期撤兵的最后期限。然而，沙俄并没有履行诺言，相反却蛮横地提出新的要求，并增派兵力，重新占领东三省一些地区。上海的张园又沸腾了。4 月 27 日，上海各界在中国教育会的组织下，在张园举行了规模空前的拒俄大会。30 日，由冯镜如、易季服等发起，1200余人齐聚张园。著名人士蔡元培、马君武等发表演说。随后，由马君武诵词，千人同声高唱爱国歌。顿时，"中国万岁"的口号震动全场，上海人民炽热的爱国情感一泻而出。正当会议进行中，忽然收到东京留学生发来电报，谓俄祸日急，留学生已电北洋政府，组织义勇队，准备赴前线抗敌。闻此消息，群情感奋，全体列队向东鞠躬。张园的吼声，代表上海，震动全中国。此后，北京、安徽、江苏、浙江、广东、福建、直隶、湖南等地的拒俄运动也风起云涌，反映出中华儿女正在不断觉醒的反侵略意识。

1904 年的"亚齐夫事件"，又把上海人民的拒俄运动推向了新的高潮。日俄战争以俄军失败告终，一支溃败的沙俄舰队退逃至中国沿海。这些残兵败将躲入上海后，仍不改其凶残本性，多次在租界结队游行，制造事端。12 月的一天，一位名叫亚齐夫的俄国士兵在南京路外滩乘坐人力车，事后不仅没有付车钱，反而滋事挑衅，执斧行凶，把一位无辜的宁波籍过路人砍死。华捕闻讯，将凶犯拘捕，后巡捕房却将亚齐夫送解到俄领署。俄国领事又将他送回军舰。侵略者一手遮天，漠视中国人的生命，使上海市民倍感莫大耻辱。当天，数千工人在四明公所聚会，高呼严惩凶手。宁波商人致电外务部，要求清政府速与俄国交涉，交还凶犯。对俄同志女会也加紧排演了一出俄军行凶的影戏，使人们进一步认清侵略者的豺狼之心。《警世日报》发表一组文章，号召大家联合罢工。上海市民纷纷行动，商人决定停用俄国银行的钱钞，甚至有人提出举行暴动。清政府在人民的压力下，开始与俄方交涉。几经谈判，俄方最后同意按照《天津条约》进行会审，判处亚齐夫8年徒刑。"亚齐夫事件"总算有了个结果。

拒俄运动高潮迭起，充分表现了上海人民爱国觉悟的不断提高。继拒俄运动之后，上海在1905年又掀起了抵制美货风潮。在这场抵制外货运动中，上海民族资产阶级扮演了极其重要的角色。

抵制美货起因于美国虐待华工。美国的华工问题可以追溯到19世纪中叶。当时，美国加紧开发西部，亟须大量劳动力。就在这个背景下，大量中国人以各种方式涌向美国，其中也有许多华人是被欺骗、拐卖，甚至是被绑架而强行拉上美国船舰的。美国中西部的开发与繁荣，与勤劳朴素的华工所作出的贡献密不可分。到了七八十年代，美国国内出现周期性经济危机，失业率上升，罢工此起彼伏。美国政府为了卸脱责任，转移视线，把经济不景气的原因归咎于大量华工的流入。一些州开始公然推行歧视华工政策，颁布排斥华工法案，不断制造事件迫害侨居美国的华人，中国侨民的处境十分艰难。1894年，美国与清政府签订了《限制来美华工保护寓美华人条约》，也称《华工禁约》，有效期为10年，该条约表面上是为了保护寓美华人的利益，实际上充斥着限制华工、歧视华人的内容。

1904年，华工禁约期限已满，由于此时美国国内虐待华人、排斥华工的现象有增无减，并大有愈演愈烈之势，世界各地的侨报及国内舆论界强烈要求清政府废除条约。清政府碍于面子，也提出对《华工禁约》进行某些修改。1905年春，美国人威逼清政府，要求一字不改续签禁约。消息传到上海，《时报》疾呼："此约若成，辱国病商，损我甚巨……深望爱国之士共起而谋所以对付之。"学界、商界纷纷行动，集会声讨，呼吁尽快研究对付的策略。5月10日，上海商务总会议董曾铸发表演说，提出具体抵制方法：以两月为期，若美国人不允删改苛例，强迫中国续约，则呼吁全国誓不运销美货，以为抵制。这一提议当即得到一致赞成。随后，商务总会致电外务部、商务部和南、北洋大臣，呼吁拒签禁约，以伸国权而保商利，并通知各省商会，号召所有商人采取统一行动，相诫不用美货。一场以上海为中心的抵制美货风潮骤然掀起。

抵制美货，得到了上海市民的积极响应。短时期内，商务总会、商学会、文明拒约会、女子拒约会、沪学会等20多个团体，共80多个大行业先后加入抵制美货的行列。申城到处可见拒用美货的情景：有人为表示坚定决心，在集会上当众毁弃所购买的美国手表；拒绝为美船装货；不刊登美国商品的广告；学生们也积极响应倡议，相诫不用美国文具、玩具，不购买美国书籍。甚至在美国教会所开办的学校中，中国教员、学生纷纷离去。抵制美货，极大地激发了上海人民的反美爱国热情。反美情绪在迅速蔓延，美国商品一时在华大量积压滞销，美国商人损失惨重。事态的急剧发展，使美国政府极为震惊，于是便软硬兼施，一面威逼清政府尽快禁阻抵制美货运动，另一方面，又为自己的行为辩解，谓美国只是禁止华工入境，并非禁止商人、游客、学生来美，大谈禁约一事系华人误会。

在美国的压力下，8月，清廷陆续发出谕令，要求各地采取行动，不得禁用美货，说抵制"既有碍邦交，于华民商务亦大有损失"；还电令两江总督，要求惩办上海抵制美货的倡导者曾铸。虽然两江总督恐众怒难犯，没有敢对曾铸遽然下手，然而，这却是一个信号，清楚地表明清政府对抵制运动的立场，一些拒约抵货风潮中的骨干人物相继发生动摇。加之美国方面对一些工商业人士也倍加利诱拉拢，领导运动的民族资产阶级内部随之出现了分化。8月11日，曾铸发表《留别天下同胞书》，宣布此后不再参与抵制运动。这场声势浩大的反美拒货风潮至此从高潮回落。清政府终于没有与美国政府续签这个苛刻的华工禁约，抵制美货运动具有一定的积极意义。也正由于此，抵货运动从此成了上海人民与外国侵略者抗争的较常见形式。

4　大闹会审公廨案

一波未平，一波又起。抵货运动尚未完全平息，1905年12月8日，又发生了一起因殖民者蛮横无理而酿成的事件。案件本身并不复杂。官眷黎黄氏携带女孩15名，并百余件行李，乘长江班轮"鄱阳"号，从四川途经上海，准备回广东原籍，在上海码头，工部局捕房以"拐骗女孩"罪名将黎黄氏拘捕，押解至会审会廨。

对于该案，中国谳员认为捕房所谓的串拐证据不足，拟判押公廨女所候审。英国陪审员也承认案情需进一步查核，但提出要把被告押在西牢。中国谳员援引《洋泾浜设官会审章程》，认为章程中没有关于女犯押于西牢的规定，而且又未经上海道台批准，据理力争，不同意把黎黄氏等关押到捕房。这时，这位英国陪审官竟撒赖："本人不知有上海道，只遵守领事的命令。"中方官员愤然相争："既如此，本人也不知有英领事。"随后即令廨役将黎黄氏等带下。英国陪审官见状，连忙喝令巡捕上前与廨役争夺人犯。一时公廨上下乱成一团，两名廨役被打伤，中方一名谳员也险遭巡捕棍击，黎黄氏被强行抢去。廨役赶快关闭大门，巡捕挟人犯见无法出门，于是向中国谳员索要钥匙。

中国谳员不堪忍受殖民者的羞辱，大声喝道："毁门可，打公堂可，既杀本官亦无不可！"愤然离去。后巡捕硬冲大门，将黎黄氏押入西牢。

翌日，广肇公所马上召开同乡大会，举行声讨抗议活动。下午，商务公所人头攒动，千人聚集，声势颇壮。一些绅商领衔分别致电外务部、商部、两江总督和江苏巡抚，为黎黄氏身份辩白，谓确系官家眷属，抚柩返籍，所以仆从众多，并非拐带；进而指出，外国陪审官及巡捕，藐法横行，扰乱公堂，中国的政府官员尚且被如此侮辱，以后中国"商民之受辱必日甚一日"，为华民之权利计，强烈呼吁清政府要"查照条约，切实办理，以安众心而维大局"。上海道台在各界要求维护主权，据理力争的呼声下，照会各国领事，并派人到英国领署提出抗议，同时，下令暂停会审。两江总督也正式下达指令，要求公廨停讯。不久，上海道台提出解决黎黄氏案的办法：释放黎黄氏；撤换英方陪审官，惩治行凶打人的有关巡捕，今后女犯仍羁押在会审公廨押所。可是，上海方面的外国领事团不予理会，坚持不肯放人。英国领事更是大耍无赖，不仅把责任全部推给中国谳员，而且还认为陪审官及巡捕之行为完全正当。此后，由于清政府的抗议，北京公使团为了防止事态发展，同意将黎黄氏等押回公廨女所释放。工部局捕房接令后，径将黎黄氏一行送至广肇公所，有意避开会审公廨，蔑视侮辱之意显见。

黎黄氏无辜受辱数日，而外国陪审官及行凶的巡捕却始终未见处理，殖民者的蛮横强暴引起了上海人民的强烈愤慨。12月18日，公共租界中国商号联合罢市，人们奋起反抗，有人开始围攻老闸捕房和市政厅。租界当局下令巡捕镇压，在市政厅前当场有3位华人被枪杀。随后，领事团命令商团及各国水兵上岸，加强领署、捕房等重要场所的防卫。这天，中国群众死伤共30余人。

面对同胞被侵略者残害，上海道台却软了下来。为了抑制事态的进一步扩大，上海道台一边劝说中国商人开市，一面张贴告示，严禁暴动，试图强压国人心头的怒火。但是，商人仍拒不开市，群众之抗议行动也时有发生。这时，两江总督受命来沪，与上海领事团交涉。后经清廷妥协退让，终于达成协议：中国方面准允巡捕到庭；领事团同意以后女犯由公廨收押；英方不撤换黎黄氏案中的英国陪审官，行凶打人的巡捕，工部局以未经审判，是非莫属，不予惩办。这样，肇事真凶没有得到应有的惩罚，但在罢市中被捕的市民后却被判处10年以下徒刑，而且，从此工部局可以利用巡捕挟制会审公廨。然而，在大闹会审公廨案中，上海市民以实际行动显示了他们决不容忍殖民者任意欺辱的民族气节。

四　近代工业摇篮
维新宣传中心

洋行

英、法、美租界的开辟与扩充，"国中之国"的建立，中国政府在这里丧失了主权，洋人统治着一切。近代上海，一个屈辱的城市。侵略者以租界为阵地，贩卖鸦片，掠夺人口，无恶不作。十里洋场，纸醉金迷，穷奢极侈。近代上海，是一块腐朽没落的地方。

上海开埠，坚船利炮也挟裹着西方文明滚滚而来，从"基督福音"的传播到近代医院、新式学校、书馆书局的设立，从声光化电到民权理论，从殖民制度到欧美生活方式，恶与善，腐朽与进步，交相混杂。由此决定了近代上海地位的特殊性与复杂性。洋务运动，在上海最著成效；维新运动的启蒙功效，于上海而大著；排满反清的资产阶级革命，上海是国内的中心。近代百年，上海无疑是中国社会变迁最为引人瞩目的地区，中国近代工业大多发端于此，全国城市近代化也以上海程度为最高，在中国进步思想的潮流中，很长一段时期，上海居于领先的地位。

上海毗邻中国著名的丝、茶之乡，交通便利，内有长江、运河以及密集的水网通向中国最富庶的地区，并能向更深的内陆腹地辐射延伸，外通大洋，重洋巨舰直达欧美。上海开埠，外国商人、冒险家为获取这个巨大市场而欢欣不已。他们在上海陆续建立起各种各类的洋行，据统计，至19世纪50年代中叶，上海已有洋行120余家。其中著名的洋行有：怡和洋行、沙逊洋行、大英轮船公司、仁记洋行、颠地洋行、旗昌洋行、裕丰洋行、琼记洋行、会德丰洋行、宝顺洋行等等。这些洋行长期从事对华贸易，历史较为悠久，在香港、印度或广州设有总行。上海开埠伊始，它们抢先一步，早早租占了黄浦江沿岸位置适中的地块。

早期洋行在上海主要从事各种进出口贸易，利用上海邻近地区的物产优势，大量从上海港输出以丝、茶为主的商品，而这些货物以前大多经广州转口而出。许多洋行在上海都设立营业所，并配有仓库、堆栈与码头。"小贾收买交大贾，大贾载入申江界。申江鬼国正通商，繁华富丽压苏杭。"上海开埠以后，江浙一带的生丝、茶叶大量流向上海。洋行在经营茶、丝出口的同时，也大力推销外国的机制纺织品，如粗哔叽、羽毛纱、毛毯、白布、灰布、印花布，以及玻璃器皿、铁皮、铅块、燃料、食品等。在外国输入上海的货物中，有一种特殊的物品占了很大比重，这就是鸦片。早期洋行几乎没有一家不与鸦片发生关系，有的洋行或者可以说就是鸦片行。怡和、颠地、沙逊洋行以及美国人的旗昌洋行，都是进行鸦片贸易的重要据点。上海开埠初期，外国一般工业品很难在中国打开销路，售量有限。相反，中国的丝、茶出口量却逐年增长，中外贸易出现了不平衡，巨大的逆差就由洋行贩卖鸦片来作补偿。"沪埠进出之洋货，实以鸦片首屈一指"。1847 年，输入上海的鸦片数量为 1.65 万余箱，至 1849 年，猛增到 2.29 万余箱。洋行在从事罪恶的鸦片贸易中大发其财。此外一些洋行还进行血腥的掳掠人口活动。趁夜深人静，洋行雇人捕捉行人，或公然行骗，然后装上猪仔船，驶向那些亟须苦力的新开发地区。洋行从事的一些非法贸易以及不正当的活动，大多受到各国驻沪领事的支持与保护。洋行自恃有领事撑腰，更加为所欲为。

从 19 世纪 40 年代后期开始，中国对外贸易格局发生了深刻变化，对外贸易中心渐次由广州移向上海。到 60 年代，上海作为全国对外贸易中心的地位基本确立并稳定。1869 年，上海的对外贸易出口总额相当于广州出口额的 3～4 倍，而广州全部进口货值仅仅为上海的 1/9。伴随贸易的拓展，上海洋行规模不断扩大，业务量成倍增加。作为最早进入中国远洋运输系统的洋行大英轮船公司，在一段时期内，几乎垄断了上海至香港的海上运输。仅 1860 年，该公司就从上海承运生丝 5 万件，收取运费 16.2 万多英镑。急剧上升的贸易量及高额利润，引来了众多洋商的竞争。此后，法兰西火轮船公司、美国太平洋油轮公司、英国海洋轮运公司相继在上海开办远洋运输业务。同时，中国国内的近海及长江航运也受到各洋行垂青，中、短途运输同样给洋行带来丰厚的收益。为抢夺业务，各洋行进行了激烈竞争。在长江航运上，美国旗昌轮船公司，实力雄厚，曾独占鳌头。后太古洋行异军突起，终于逼迫旗昌放弃霸主地位。

航运贸易的竞争与发展，使洋行资金分流。一部分洋行见造船业及其相关配套行业极富潜力，随即调整经营方向，陆续开办修造船舶的工厂。在中日甲午战争以前，外国人并未取得在华设厂的特权，所以当时洋行在华开设工业企业应属非法。19世纪60年代，外国船厂迅速增多，大多集中在虹口与浦东一带，其中较负盛名者有祥生船厂、耶松船厂。一些船厂在黄浦江边建造仓库、码头、船坞。船厂经营的范围不断拓展，造船、修理、锻冶、机器工程、制绳。炼钢、机器制造等部门都属近代基础工业，这些领域的兴起使上海产生了第一代熟练技术工人，为近代工业的发展奠定了基础。与造船业一样，在上海进出口贸易的带动下，洋行也兴办了一些出口商品的加工厂，诸如打包、缫丝、轧棉等工业。与此同时，外国金融势力开始渗入上海。最早进入上海的外国银行为丽如银行。丽如银行于1848年入驻上海，开设分行。至五六十年代，为了控制上海的金融市场与流通领域，英国的汇隆银行、有利银行、麦加利银行，法国的法兰西银行，纷纷在上海设立分行或代理处。1865年，汇丰银行香港总行与上海分行同时开业，该银行后成为近代上海最主要的外国银行之一。

上海的早期洋行，大多为英商开设。后美、法等国商人也纷至沓来。洋商们在不平等条约和领事裁判权等的庇护下，经常在交易中处于特殊地位。但由于地形陌生、语言阻碍、国情风俗隔膜，洋商在推销商品，收购丝、茶时还往往须通过买办进行。上海人最初称洋行中的买办为"康摆渡"。洋行老板与买办存在着雇佣关系，双方订有合同，有时买办还必须付出一定保证金，才能开始他们的买办生涯。买办的收入颇为丰裕，其来源除薪水、佣金外，另有高额的利润收入。有些洋行为了拉拢买办，甚至再额外大笔给钱。所以，由洋行孳生的买办不到数年即能积累大量财富。

当然，最大的得益者还是洋行的资本家。这些洋行的大班在上海攫取到巨额资产，过着养尊处优的生活。赛马、打猎、划船、办舞会、逛公园、上教堂、办报刊、去图书馆，他们把西方人的社会生活方式带到了上海。租界作为洋商的侵略基地与生活乐园，他们也自然会积极投资，参与经营和城市规划，筑马路、建洋房、造剧院、辟花园、建球场、圈跑马场……而这一切迅速改变着上海县城北部、黄浦江边昔日"芦草丛生，田间丘墓累累"的景观。以租界为中心的近代上海城市新格局就在这一过程中逐渐形成。随着前来上海经商、定居外侨人数的增多，洋行为了适应外侨的生活方式，又开拓了新的业务，如经营面包房、建立食品厂、饮料厂、水厂、印刷厂，等等。

甲午战争以后，外国侵略者取得了在华设厂、开矿、筑路的特权。此后，上海洋行更是迅速增加，并由此掀起洋商投资设厂的热潮。从 1895 年至 1911 年，外商在上海设立资本在 10 万元以上的企业就达 41 家（全国共 91 家）。外资企业的门类，涉及面粉、造纸、缫丝、棉丝织、制革、火柴、造船等各个行业，初步奠定了近代上海以轻纺工业为主的工业结构。随着上海贸易、金融、工业的发展，洋行的实力也不断壮大，从而形成了几个类似怡和洋行这样庞大的垄断集团。怡和洋行，1843 年就在上海开设分行，初以经营销售鸦片赢得大量利润。后经营范围扩展到轮运、码头、仓库、纺织、地产、保险、公用事业等。1895 年又设立怡和纱厂，开办资金达 100 万两。此后又陆续开设怡和制材厂、怡和打包厂等工厂，成为一个跨行业，融工业资本、商业资本、金融资本于一体的怡和集团。

2　江南制造局与洋务企业

从上海开埠到 19 世纪 60 年代中叶，是上海近代企业的发生期。这些新式企业多为外国殖民者所经营。中国人自己在上海开办的近代企业，以 1865 年创设的江南制造局为发轫。此后，洋务官僚在上海又先后创办轮船招商局、机器织布局等一批近代企业。这些新式企业的诞生，是洋务运动开始的标志与重要表现。就全国而言，上海的洋务企业不仅创立最早，而且在数量、规模上都处于领先地位。

中国人创办最早的机器工业，首先用于军火生产，这反映了中国近代企业产生的特殊性。江南制造局的开创者李鸿章等人在镇压太平军的战斗中，亲眼目睹了西方列强枪炮的威力，深感中国军械之落后。于是，一方面加紧向外国采购军火，同时也萌发了自办军事工业的念头。起初，李鸿章在上海、苏州等地设立洋炮局，雇用西人制造炮弹。但早期炮局规模不大，机器使用也不普及，仍以手工制造为主。为求捷径，李鸿章责成上海道台丁日昌，注意访购当地洋行制造器械的机器。事有凑巧，后有一家美商开办的旗记铁厂出于某种考虑，愿将这座规模适度的工厂售出。旗记铁厂能修造大小轮船及洋枪、洋炮部件，丁日昌得悉后，即向李鸿章汇报。李鸿章正求之不得，马上决定全数购下。1865 年 5 月，李鸿章正式定名"江南制造总局"，以旗记铁厂为主，同时并入旧有炮局。不久，曾国藩前期委派容闳赴美国购置的 100 余台机器运抵上海港。经李鸿章奏准，也全部拨归入局。

到 1870 年，江南制造局已拥有机器厂、木工厂、铸铜铁厂、熟铁厂、轮船厂、锅炉厂、枪厂、汽锤厂，另有库房、煤栈，筑起船坞，在龙华设立火药厂，并陆续建立各种管理机构，1869 年，还把著名的上海广方言馆迁入江南制造局。随后，炮弹厂、水雷厂、炼钢厂也相继投产。在短短的几十年间，江南制造局已发展为一座占地 700 亩的综合性兵工厂，它以制造枪炮、弹药、兵轮为主。自 1868 年起，曾先后制造了"恬吉"、"操江"、"测海"、"威靖"、"海安"、"驭远"、"金瓯"、"保民"等轮船，造船技术进步很快。江南制造局作为清政府经营规模最大的军事工厂，制造了大量枪、炮、船，客观地说在历次抵抗外国侵略的战斗中是起过一定作用的。然而，江南制造局长期处于封建官僚的控制之下，局内事务管理仍为旧的一套，任人唯亲，贪污盛行，黑幕重重。新式的机器设备并不等同企业管理的近代化，因此，尽管应用了大机器生产，但效率有时极为低下。另一方面，江南制造局的设备、技术又有严重依赖外国的特点，这些因素都深刻地制约了这座大型近代军事企业的发展。

中国人自办的第一家新式航运企业是上海轮船招商局。它创办于1873年，经营业务是"承办漕粮，兼揽客货"，其背后也有与洋商分利的目的。当时，上海业已成为国内沿海和长江航线的枢纽，中国进出口贸易的中心地位基本确立，但是，上海近代航运业几乎全被外国商人垄断操纵。洋商在从事航运贸易中获取了巨额利润，这对正在兴办洋务企业的中国官员、商人也是一种极大的诱惑。1872年，李鸿章与朱其昂、朱其诏兄弟商议筹办轮船招商局事宜。1873年1月轮船招商局正式成立。轮船招商局是一家官商合办企业，总局设在上海洋泾浜安街。初由朱其昂执掌局务，但半年以后经营状况并不理想。此后，李鸿章委派唐廷枢为总办，让朱其昂专办漕运业务。创办伊始，轮船招商局船只有限，其航线主要往来于国内沿海及日本的一些商埠。后来航线逐渐延长，在天津、牛庄（今营口）、烟台、汉口、福州、广州、香港、横滨、神户、吕宋（今菲律宾）、新加坡等国内外重要港口也陆续设立分局，并形成远洋、沿海、内河三大系统，远洋可及英、美各地。上海轮船招商局承担漕运，经营运货载客，不断扩大航运能力，对于加强上海与国内外各地的联系，促进近代中国的商品流通，打破洋行的航运垄断，抵制外国商人的经济侵略都起过积极作用。在几次反侵略战争中，招商局还担负了部分军事职能，帮助输送清军，装运武器弹药。

在棉纺织业方面，最重要的洋务企业就要数上海机器织布局。五口通商，洋布涌入，严重冲击了中国传统的手工棉纺织业。棉纺织业事关百姓衣着，洋布充斥，引起国人中一批卓识之士的忧虑。早在六七十年代，就有人提出要有效抵制洋布，必须自办机器织布厂。1876年，李鸿章开始筹办机器织布厂。然而在具体筹办过程中，却几经波折，时而资金筹措困难，忽而又更换主要经办人，几年间断断续续，时停时上。约到1889年底，上海机器织布局一套完整的纺织设备才安装竣工，并正式开车。这家位于杨树浦黄浦江边的机器织布局规模宏大，占地300余亩，拥有纱锭35000枚，布机530台，立式大锅炉5座。1890年，投产当年即年产布近20万匹。上海机器织布局是中国第一家官督商办的棉纺织工厂，它的成功开办，增强了民族士气。织布局运转几年，效益尚可，李鸿章等人极为高兴，积极谋求扩建。然而1893年10月的一场大火，使织布局厂房全部焚毁，损失极为惨重。事后，李鸿章派盛宣怀在原址设立新厂，改名华盛纺织总厂。

洋务企业的创办，刺激了民族工业的兴起。此后，一批封建官僚、地主、商人、传统手工业作坊主以及买办在上海纷纷投资于近代工业，从纺织、织麻、缫丝到印刷、造纸、制革，由食品加工、机器制造扩展至橡胶、化工、制药等领域，门类从无到有，规模由小及大。从产业角度来看，中国近代民族企业的大多数行业都诞生在上海。这里是中国新式工业的摇篮，也成了近代工业的主要基地。

3 孕育改良思想的温床

一次又一次的失败，一次又一次的丧权，中国正逐渐走向殖民地的深渊，但也驱使不甘沉沦的人们去探索民族振兴的道路。近代开篇，古老的中华文明已明显不能适应时代的需要，意识到这一点是痛苦的，但同时也是一种进步。西学东渐，新式工业在中国出现，一部分先进的中国人从中看到了希望。客观的观察，理性的探索，使他们在昏乱时局与繁杂头绪中逐渐理出点思路。19世纪60年代初，富有近代气息的改良思想开始出现，而后，逐渐汇集成一股以学西方、变成法、发展近代工商业为主要内容的资产阶级改良思潮。这一时期改良思潮的主流就在上海酝酿、发展。

在早期的改良派人物中，较著名的有冯桂芬、郑观应、王韬。他们来自不同地区，出身、社会地位乃至生活阅历都不尽相同。冯桂芬，苏州吴县人，道光二十年（1840）考取榜眼，曾授职翰林编修；郑观应乃广东香山人，商人出身；王韬是位秀才，江苏长洲（今吴县）人。在来上海以前，他们都或多或少接受过儒学思想的熏陶。到了上海，他们几乎每天都在接触新鲜的事物，西方的强盛深深地刺激了他们，痛恨西方列强对中国的侵略，与痛心于自己国家的积贫积弱、愚昧专制，多重心态时常交织在一起，使他们不约而同地产生出抵御列强必须学习西方，挽救中国必须改良中国的思想。

冯桂芬所撰《校邠庐抗议》一书，共40篇，在参酌古制的基础上，广泛吸收西人学说，提出了一整套关于制洋器、采西学、变官制、汰冗员、改科举等具有鲜明改良倾向的观点。冯桂芬的思想首先在士大夫阶层中传播，对晚清洋务派产生过很大影响，从而被资产阶级改良派奉为先导。郑观应在上海有一段从事近代企业的亲身实践，他在宝顺洋行、太古轮船公司当过买办，并先后出任上海机器织布局、轮船招商局的总办。西方先进的科学技术和管理体制促使他不断探索中国的"自强之道"。七八十年代，郑观应相继完成《易言》、《盛世危言》等几部力作，较系统地阐述了自己的变法主张。发展工商、鼓励商战，兴办新式学校、培养各类人才，开设议院、改良政治，郑观应之政论要言不烦，切中时弊，在思想界遽然掀起波澜。《盛世危言》一经问世，便深得社会欢迎，销量竟达15000余部。与郑观应的工商经历不同，王韬前后在上海生活26年，主要在西人开办的书局、书院等文化教育部门任事，直接接触西人西学。王韬曾参与洋务活动，积极主张变法富国，兴办近代实业，是与郑观应齐名的早期改良派。

早期宣传改良思想的还有张焕纶、宋恕、钟天纬、薛福成等，他们大多与上海有关，或生于斯长于斯，或从内地辗转来上海，为租界的繁荣所震惊，被这里的新学氛围所感染，转而研究西学，传播西学，成为具有改良意识的思想家。后在戊戌变法中叱咤风云的康有为、梁启超，其维新思想的形成与上海也都有一定的关系。据康有为自述，他开始对西方社会"治国有法度"的认识，部分即源于上海出版的《西国近事汇编》。后途径上海，目睹上海之繁盛，益感西人治术之有本，遂大购西书而返。通过攻读西书，康有为了解到声光化电，知晓了西方先进的政治制度。自此大讲西学，"始尽释故见"。梁启超与他的老师一样，他的一些西学知识、改良意识也得益于上海出版的有关书刊。

　　上海之所以会成为近代中国改良思想的温床，并非偶然，它具有其独特的条件：第一，上海是近代西学传播的中心。西学东渐，上海得风气之先，较早设立新式学校，创设书局、书馆，兴办图书馆，发行报纸杂志，是中国传播西学、翻译西书、出版西书的主要基地。卢梭的《社会契约论》、孟德斯鸠的《论法的精神》等一批西方名著相继在上海出版。《格致汇编》、《万国公报》、《佐治刍言》、《泰西新史揽要》等一大批上海版的报刊书籍在当时销量极大，进行西学启蒙，引起了人们思想上的极大震动。第二，上海既是中国近代工业的摇篮，也有直接反映西方物质文明、社会风俗的租界。宽敞、整洁的马路，高耸、华丽的洋房，坚船利炮、声光化电，租界的繁盛使士大夫的传统偏见于此可顿然廓清。一些人在惊叹之余，就萌发了学西方，发展近代工商业的意识。第三，西学传播有其文化的积累，改良思想的孕育也有一个过程。早期的一些改良思想家本身就是西书的翻译者，但他们并不是一开始就倾心改良的，而是在长期接触西学中，逐渐认识西方、了解西学，从比较中才慢慢出现改良中国的思想。另外，上海还拥有其他地方所没有的西学人才群，说到底这也是一个文化积累与发展的问题。正是在这批热心西学的知识分子的积极鼓动下，进而引发了思想界的变动。资产阶级改良思想在上海酝酿、发展，这股思潮后来渐次向全国扩散，掀起了范围更广的维新运动。

4 宣传维新的中心

中日甲午一战，向以"天朝大国"自居的清政府竟惨败于东邻"蕞尔岛国"，李鸿章苦心经营十年的北洋水军毁于一旦。严酷的战局，使朝野甚为震惊。《马关条约》的签订，割地赔款，开放口岸，允许日人在华自由设厂投资。继而，英、俄、德、法诸国争相效尤，抢夺租借地，瓜分势力范围，中华民族面临亡国灭种的严重危机。1895 年 5 月，康有为联合在北京会试的举人 1300 余名，慨然发动"公车上书"，拉开了维新自强运动的序幕。

1895 年 8 月，康有为在北京创办《万国公报》

（因与外国传教士在沪所办的《万国公报》同名，后改为《中外纪闻》），编译西电西报，发表时事评论。康有为等还与帝党领袖文廷式发起成立强学会，思开风气，变法图强。然京师为政治高压之区，文网严密，一举一动时受监视。为避开锋芒，康有为、梁启超南下上海，四处奔走游说，筹组上海强学会。1896年，上海强学会在跑马厅附近王家沙宣告正式成立。它的出现标志着资产阶级改良运动已从前期的思想宣传，转变为有一定组织的行动。上海强学会是戊戌变法期间维新派的一个重要政治团体，活跃于江浙各地的维新人士、学者名流相继入会。该会明确表明"专为中国自强而立"，联人心，讲学术，以保卫中国。《强学报》机关报，专录中国时务，兼译外国新闻，宗旨为"广人才，保疆土，助变法，增学问，除舞弊，达民隐"。在创刊号上，康有为发表《上海强学会后序》，阐明创办强学会的指导思想，呼吁国内志士踊跃入会，挽救国家，挽救民族。《强学报》是上海最早的维新派报纸。

由于上海租界这一特殊区域的存在，清政府的权力难以鞭及，非独"报章之言论自由，久已准行于租界"，而且出版、集会的自由都因西方制度与习惯的影响在一定程度上得以存在，这无疑为维新宣传提供了难得的条件。上海文化事业发达，印刷设备、出版条件都属国内一流，西学之长期传播，也使这里汇集了一大批热心西学、宣传维新思想的知识分子，这些因素又一次促成上海在短时期内成为全国维新运动的舆论宣传中心。除上海强学会外，上海的其他新学会也如雨后春笋般涌现，农学会、不缠足会、蒙学公会、译书公会、女学会、医学善会，等等，虽然彼此关注的视野不同，但在开启民智、挽回风气这一旨趣上都不约而同。一些学会还是全国性组织，如农学会、不缠足会总会设于上海，各省各地遍立分会或支会组织。与此同时，各类报纸竞相创刊，《农学报》、《蒙学报》等活跃一时。据统计，1895 年以后的三四年间，维新派在全国创办报刊近 40 种，其中上海一地发行的竟达 27 种，其宣传中心地位由此可见。维新报刊畅行，变法宣传逐渐深入人心。

维新风气渐开，但这并不意味着新思潮从此变成主流，相反，维新运动的发展，更会招致顽固派的忌恨，他们千方百计进行抵制与破坏。早在 1896 年 1 月，北京强学会首先遭到顽固人士的弹劾，"私立会党，将开处士横议之风"，遂为清廷查禁。上海强学会不久也被张之洞下令封禁，《强学报》则刚出满 3 期，就遭封查。然而，维新派人士没有就此罢休。几个月后，一份规模更大的报纸——《时务报》又创刊了。1896 年 8 月，由黄遵宪、梁启超、汪康年等联名发起，共同筹措资金 2000 余两，在上海公共租界内的四马路（今福州路）上创办起《时务报》。该报为旬刊，才 20 多岁的梁启超出任主笔，汪康年经理馆务，并聘任了英、日、法文翻译。《时务报》栏目丰富多彩，论说、上谕、奏折、京外近事、域外报译，视野开阔，信息量大。所载文章力言变法，痛陈弊政，在社会上迅速引起反响。梁启超的《变法通议》、汪康年的《中国自强策》、《商战论》，麦孟华的《论中国变法必自官制始》，徐勤的《中国除害议》，严复的《辟韩》，等等，或以议论透彻精审、文笔畅达清丽，顷间风靡海内；或以文辞犀利、态度鲜明，使人读之有所震撼。人们争相传诵《时务报》，就连一些政府官员也认真订阅，湖南巡抚陈宝箴还要求属下官员阅读《时务报》。《时务报》的销量与日俱增，初创刊时每期销售 4000 份，一年以后猛增到万余份，"为中国有报以来所未有"，在中国的报刊史上竖起了一座丰碑。梁启超的名声也随《时务报》而四处飞扬，时人称"自通都大邑，下至僻壤穷陬，无不知有新会梁氏者"。这份以宣传维新思想，救亡图强为宗旨的报刊在各地影响的扩大，有力地推动了全国维新运动的发展。

五　辛亥革命在上海

1 苏报案

《苏报》原是一份小报，于1896年创刊。最初刊登一些市井琐事、社会新闻。后因经营不善，销量有限，即转手给陈范。陈范，曾任江西铅山知县，因教案落职，移居上海。他痛恨清政府官场腐败，提倡新学救天下。陈范承办《苏报》，一改原报色彩，倾向进步革命，不断在报上抨击顽固守旧意识，宣传维新改良思想。时值上海爱国学潮兴起，《苏报》特辟"学界风潮"栏目，大量报道进步学生的退学、罢课风潮，鼓励学生反抗压迫。《苏报》愈来愈为社会关注，市民特别是学界十分喜欢这份报纸。1903年，《苏报》与爱国学社约定，该报的评论由蔡元培、章太炎、章士钊、吴稚晖等知名人士轮流撰写。于是，《苏报》言论更趋激烈。1903年4月，上海拒俄运动掀起高潮，《苏报》成了重要的论坛，累版报道拒俄运动，公开鼓吹革命。

5月，陈范正式聘章士钊任《苏报》主笔。此后，

《苏报》更加积极宣传革命思想。五六月间，连续发表一系列文章，思想大胆，文辞犀利尖刻。当时，留学日本的青年革命家邹容写成《革命军》一书，该书宣传资产阶级政治思想，以"革命军"为书名，明确表达了作者的政治观点。书中指出，革命就是要革清朝的命，因为这是一个极端专制的封建朝廷，又是一个投降媚外的卖国政府。邹容满腔热情地号召国人行动起来，彻底推翻清朝反动统治，建立一个资产阶级的民主共和国。全书言辞激烈，浅显易懂，洋溢着浓烈的爱国热情。章太炎读后，深受感染，欣然提笔撰序。1903 年 5 月，《革命军》出版，《苏报》迅速以大量篇幅刊登书评，大做广告，并转载章太炎所作的序文，称《革命军》实乃"国民教育之第一教科书"。《革命军》的广为流传与《苏报》不遗余力的推荐不无关系。随后，《苏报》又摘录章太炎名著《驳康有为论革命书》的主要内容，并在"新书介绍"一栏作重点评论。章太炎以鲜明的民主主义立场，逐条驳斥康有为的谬说，文中直贬光绪"载湉小丑，未辨菽麦"，斥责清政府是一个"野鸡政府"。

《苏报》传播革命学说，振聋发聩，深受欢迎。由于它的影响日益深广，从而引起了清廷的密切注意。清政府惧怕革命势力的发展，对《苏报》恨之入骨，称其"悍谬横肆，为患非小，能设法收回自开为妙。否则，我办一事，彼发一议，害政惑人，终无了时"。6 月，清政府开列出逮捕名单，准备拿反清志士开刀。6 月底，上海道台串通公共租界当局达成拘捕革命党人的协议。随后，中西捕探直抵苏报馆，指名捉拿陈范、程吉甫、章太炎、邹容等人，苏报账房程吉甫当场被抓走，章太炎旋即被逮捕。邹容得悉章太炎被捕，激于义愤，自动赴捕房投案。陈范被迫流亡日本。7月初，《苏报》和爱国学社同时被查封，报馆财产全部被没收。这就是震惊中外的苏报案。

章太炎、邹容等人被捕，清廷欲置之于死地。清朝官员四处活动，想方设法除掉这些"叛逆"分子。上海道甚至表示愿意出银10万两，引渡章、邹。租界工部局思忖再三后拒绝交人，宣称这是租界内的事情，如果章、邹等人有罪，也当于租界治之。7月15日，会审公廨开始审讯章太炎、邹容，清政府与章、邹都延请了律师。在法庭上，章太炎、邹容慷慨陈词，对清政府指控他们鼓吹革命的事情供认不讳，并据理予以有力反击。1903年12月，由于清朝官员的幕后活动，额外公堂拟判章太炎、邹容永远监禁。消息传出，上海及各地人民纷起抗议，一致谴责中外反动势力迫害章、邹。同时，这样的审判结果也引起了外国领事团的异议，租界的外侨纷纷认为处置太重，一些人甚至觉得应该将控案注销，即行释放。拖至1904年5月，清政府无奈让步，额外公堂改判章太炎为监禁三年，邹容监禁两年，自到案之日起算，期满逐出租界。这里应该指出，租界当局拒绝将人犯移交清政府以及最后的审判，客观上有利于革命党人，这并不意味着外国人要帮助革命人士反清，而是因为牵涉外国租界本身所遵循的司法原则与量刑标准问题，其实质是为了维护西方殖民者在华的治外法权。

清政府制造苏报案，意欲杀一儆百，严惩革命党人，扑灭反清烈火，结果却适得其反，唤起了更多人的觉醒，反清民主革命运动进一步高涨。《苏报》被查封后，《国民日日报》、《警钟日报》等革命报刊应运而生，竞相宣传革命思想。距《苏报》被查禁仅1月余，《国民日日报》宣布创刊，主办人即为原《苏报》主笔章士钊。该报呼吁爱国救亡，宣传民族民主革命，抨击清廷反动统治。发行未久，风行一时，时人皆称为《苏报》第二。这些刊物不畏强暴，向清朝封建专制政权作出了更勇敢的挑战。

"山雨欲来风满楼"

进步刊物大量涌现，反清革命团体也在悄然兴起。1904年，华兴会会长黄兴在长沙策划起义未成后逃避来沪，邀集在沪华兴会会员，组织上海青年学社作为革命机关，从事反清活动。当时，东京留日学生组成的国民教育会还专门设立暗杀团，以谋刺清廷君臣为主要目标。后有部分暗杀团成员南下，在上海与蔡元培等秘密接触，会商反清大事。蔡元培不久也加入暗杀团，他们在租界内租赁房屋，组织人员研制炸药。1904年11月，暗杀团组织扩大，改名为光复会，亦称复古会，蔡元培被推为会长。此后，陶成章、徐锡麟、黄炎培、秋瑾等都先后成为光复会的重要成员。该会以反对清朝封建专制，建立共和国为宗旨。入会者均刺血发誓，誓词为"光复汉族，还我河山，以身许国，功成身退"。光复会成立后，迅速在江浙地区联络同志，一方面确立暗杀计划，继续制造炸药；另一方面，派人联络各处会员，策划反清武装起义。

随着各类政治团体的发展，一批有识之士逐渐认识到要推翻清朝统治，必须建立统一的革命组织。1905年，兴中会、华兴会、光复会等革命团体联合成立中国同盟会，以"驱除鞑虏，恢复中华，建立民国，平均地权"为纲领。中国同盟会总部设在东京，推孙中山为总理。10月，同盟会上海分会成立，蔡元培任会长。同盟会在上海设有秘密机构，一处在中国公学，另一处在健行公学。上海革命党人开始了有组织的活动，宣传革命思想，培养青年学生，又利用上海的地理优势与外国租界特殊的政治格局，联络一大批海内外革命志士，为迎接新的革命高潮做准备。

在革命党人积极策划反清起义的同时，资产阶级改良派也在发起立宪运动。1905年，在中国国土进行的日俄战争以小国日本的胜利告终，这对中国这个泱泱大国又是一次极大的震动。俄国是大国，但它是专制国家，日本是小国，然已是立宪之国，立宪与专制决定了这场战争的胜负。资产阶级改良派以此为依据，鼓吹"立宪救国"。立宪呼声与革命党的反清斗争相互激荡，共同震撼了清政府的专制统治。形势逼迫，清廷为了笼络立宪派，抵制革命，争取舆论，不得不作出预备立宪姿态，派五大臣去国外考察宪政，并于1906年9月宣布"预备仿行宪政"。

清政府许诺预备立宪，无疑承认了资产阶级立宪运动的合法化。随后，资产阶级改良派便积极活动，纷纷成立立宪团体。1906年12月，国内第一个，也是规模最大的立宪政团在上海诞生，这就是预备立宪公会。发起人主要有郑孝胥、张謇、汤寿潜、曾铸等。预备立宪公会的会董、会员，多为实业界、文化界以及政界知名人士，其中相当一部分还是清廷前任或现任官员。预备立宪公会创办了会报、官话报。在这些刊物上，发表该会会员对国会、法律、地方自治等重大问题的看法，报道会务进展，及时反映全国立宪运动情况。预备立宪公会还集中了一批学习政法的归国留学生，编辑出版了一些极有参考价值的宪政方面的书籍，介绍资本主义国家的立宪制度，大大开拓了人们的视野。自1905年即已开始的上海地方自治运动，是立宪运动的又一重要内容。而领导这场爱国民主自治运动的重要人物，如李平书、王一亭、李厚祐，都是预备立宪公会的会董。资产阶级立宪人士还陆续创办了不少新式学校，组织多种文化团体。通过参加广泛的社会活动，一些立宪派人士的社会地位迅速提高，影响逐渐扩大。

立宪派属资产阶级上层，很多人反对暴力革命，热衷于组织立宪团体，希望中国能顺利实行宪政，废除专制。然而，这只是他们的良好愿望。清政府对于立宪的态度却是能哄则哄，能拖则拖，独裁专制是它的本性，岂能轻易改变。当清政府立宪骗局日益为世人看清，立宪派人士也开始有所行动。1909年12月，

由预备立宪公会副会长张謇出面组织，联络全国 16 省
50 余名代表，在上海成立国会请愿同志会，发表通电，
向清政府请求速开国会，并创刊《国民公报》，在社会
上大造声势。1910 年，国会请愿同志会联合各省政团、
商会以及海外华侨、旗籍代表聚集北京，先后发起了
三次声势浩大的国会请愿运动。请愿活动没有起到什
么作用，而各地请愿代表却被清廷强令遣散。清政府
借立宪之名，行专制之实的真实面目进一步暴露。此
后，立宪派出现分化，一部分思想比较开明的资产阶
级上层人物开始转向革命。

沈缦云、王一亭、叶惠钧等原均为立宪派的重要
人物，1910 年后他们逐渐倾向革命，先后加入同盟会。
1911 年初，在宋教仁、沈缦云等推动下，上海各商团
举行大会，发起组织全国商团联合会，拥有自己独立
武装力量的上海各商团从此获得统一，后来在上海光
复时起到了重要的作用。随后，中国国民总会、女子
国民会等一些反清政治、军事团体也相继成立，这些
团体多以革命派为骨干，立宪派与其他社会力量踊跃
参与，具有广泛的群众基础。立宪派态度的转变，部
分立宪人士加盟革命，进一步壮大了反清队伍的力量。

这时，革命党人除加紧舆论准备，还在策动长江
各省的革命工作。1911 年 7 月，同盟会中部总会在上
海举行成立大会，发表《中国同盟会中部总会成立宣
言》，并通过了几个重要章程。大会选举陈其美、潘祖
彝、宋教仁、谭人凤、杨谱笙为总务会干事，分掌庶
务、财务、文事、交通、会计 5 部。后推举谭人凤为

总务会议长。同盟会中部总会的机关设在《民立报》内。根据有关章程规定，同盟会中部总会的总部设在上海，"取交通便利，可以联络各省，统筹办法也"，在各处设立分会。奉东京中国同盟会本部为主体，以联络江、浙等8省策划起义为己任。上海事实上成了长江流域资产阶级革命运动的领导中心。会后，中部总会分别派出骨干赴湖北、湖南、安徽、四川、江西各地，联络组织，运动新军，策划起义。

未雨绸缪，进入1911年以后，革命党及其他反清组织都在积极活动。与此同时，工人罢工不断，农民抗粮拒税纷起，大规模的反清革命处于一触即发之势。

3 上海光复

1911年10月10日，武昌起义爆发。上海几家素以激进闻名的报纸迅速以显著版面登载武昌起义的捷电。《民立报》纵声高歌："秋风起兮马肥，兵刃接兮血飞，蜀鹃啼血兮鬼哭神愁，黄鹤楼头兮忽树革命旗。"武汉三镇光复，各地纷起响应。在一片凯歌行进声中，上海的革命党领袖与进步人士欣喜之余，也不无忧虑，他们清醒地认识到一旦武汉三镇失守，革命形势就会马上发生逆转。除非东南急起响应，否则无以救武汉之危。当时，中部同盟会的力量分散在各地，关于上海起兵事宜，总会决定由陈其美负责。

10月24日，陈其美与在沪的同盟会员宋教仁、范鸿生、沈缦云、叶惠钧等会聚民立报馆，讨论上海起义计划。会上确定以联络商团、媾通士绅作为起义的工作重点。当时上海士绅中最富声望的就数李平书了。李平书身兼数职，既是上海商团联合会会长，又是上海城自治公所总董。由于沈缦云也曾是自治公所议员，且与李私交甚笃，所以，陈其美决定先让沈缦云去李平书处试探。李平书在武昌起事后即曾与商团、自治公所的头面人物有过密商，他们也深知大势所趋，"金谓时势至此，不能守闭关主义，当审察情势，以为进止"。在这种情况下，李平书同意与革命党人携手举事。经沈缦云介绍，10月29日，李平书在成都路贞吉里寓所与陈其美会晤，彼此达成协议。李平书的转变事关上海起义全局，随后，商团、自治公所的其他重要人物纷纷转投革命阵营，上海商团也顺利地掌握在起义者手中。上海商团是清末上海商业资产阶级的自卫武装，即民团，在辛亥革命前后其人数近2500人，备有枪支弹药。11月1日，各商团齐集于沪城九亩地，行检阅礼，推举留日学生李英石为商团临时总司令，统一负责指挥训练。就在这时，上海的另外两支群众武装敢死队也相继归于陈其美麾下。

举事之前，陈其美、李平书、李燮和等人密切注视驻沪清军的动向。其时，清政府在上海及其周边地带的军警共约1万人，分守在吴淞、闸北、南市、江南制造局及黄浦江两岸各处。武昌起义后，上海道台增调兵力，特别加强了对军工重地江南制造局的守备。为了确保上海起义胜利，革命军利用同乡网络、私人交情等各种手段，加紧对清驻上海军警的策反。守沪清军当然也看到了形势的迅速变化，经革命党人的劝说争取，部分军警表示不愿再为清廷效力卖命。事实上，除江南制造局等几大据点外，其他驻沪军警基本上已为起义军所控制。万事俱备，只等下达起义总号令了。

11月1日，汉口失守，形势骤变。忽而又有消息传来，清军5艘兵舰自汉口下驶，正停泊在吴淞口，准备到江南制造局运送军火接济武昌清兵。武汉方面的民军急电频频，告以汉阳危急，亟盼苏、皖响应，并请绝清海军后援。11月2日晚，陈其美、李平书等召开紧急会议，当机立断，改变上海起义须待南京、杭州发动之后的计划，确定了"上海先动，苏杭应之"的新方案。陈其美经与民军总司令李燮和商议，决定于11月3日下午4时闸北的巡警与县城方面的商团同时发难，而后会合攻打江南制造局。

11月3日上午10时，闸北民军起义。因起义计划泄露，闸北巡警汪瑞和巡警总局局长姚熏企图镇压，事先由李燮和遣派的巡警总局管带陈汉钦提前发难，占领巡警总局，汪、姚逃避租界。由于准备充分，整个闸北很快被民军攻占。下午，各路敢死队、商团数千人在南市九亩地聚集，举行誓师大会。陈其美、李平书、沈缦云登台演说，宣布上海独立。在这天的早些时候，陈其美以军政府名义请李平书出任上海民政总长，伍廷芳为外交总长。誓师大会上，人们当场扯毁清朝龙旗，改悬起义白旗，并给起义者分发白布，缚绕右臂，统称革命军。随后，革命军分兵两路，商团进攻上海道及分段防守城厢内外，敢死队及一部分商团进攻江南制造局。城厢各处并无抵抗，革命军入城，先后攻占道署、县衙，县令逃逸。一时间，各城楼高高挂起象征起义胜利的大白旗与革命军旗。城中通衢遍贴军政府的安民告示，告示以上海军政分府与上海民政总长李平书名义发布。

攻打制造局一路却极不顺利，敢死队几次进攻，均受挫退回。后陈其美亲率一支 200 余人的敢死队冒死猛冲，又遭到优势敌军的阻击。敢死队前赴后继，清兵负隅顽抗，革命军损失惨重，死伤甚多，陈其美本人也在乱军中被俘。李平书闻讯，急偕王一亭连夜赶往制造局，与制造局总办交涉，要求立即释放陈其美，遭拒绝。回来后，李平书等紧急调集商团，准备再次进攻。临行前，王一亭、沈缦云、叶惠钧三人挥泪誓师，勉励征战将士奋勇拼杀。次日凌晨，商团、敢死队起义军警数千人向制造局发起总攻。这次进攻得到了不少市民的支持，江南制造局工人还引导敢死队冲向步枪库，一些工人甚至放火烧了制造局总办的住宅。市民与工人的行动极大地鼓舞了革命军，经过数小时浴血奋战，4 日上午，制造局这个清军最顽固的堡垒终于被攻克。这时，吴淞方面也传来捷报，吴淞军警响应革命军号令，易帜反清。驻沪海军同时向革命军投诚。

上海起义时，由于革命军纪律严明，保护商民，市面秩序井然。街上店铺商号"满"、"清"字样一天之内悉行剔除。革命军所过之处，群众欢声如雷。华界的大街小巷，遍树白旗。上海市民沉浸在反清起义的胜利之中。租界方面，各国采取"中立"政策，既不参加反清，也不帮助镇压革命军，所以表现出异常的平静。在起义过程中，革命军从租界武装万国商团处接管了上海火车站，虽然双方出现了一些矛盾，但路权的收回还算顺利。

上海光复，首先引发江浙各地的连锁反应，上海附近松江、青浦、嘉定、崇明、川沙、奉贤、南汇、宝山等府县纷纷宣告独立，杭州、苏州、镇江也在上海革命党人的策动下相继光复，这为最终会攻南京创造了条件。上海为东南巨埠，革命军占领上海，迅速引起中外关注，国内人民深受鼓舞。作为清政府最大的军火生产基地，上海的攻克，断绝了武汉方面的清军弹药供给，客观上削弱了各地清军的力量。上海又扼长江门户，由此使清海军无法溯长江西援，大大减轻了长江中下游各省民军的压力。事后，孙中山对上海光复之意义给予高度评价：武昌起义，"响应之最有力而影响于全国最大者，厥为上海"。

🌀 沪军都督府

1911 年 11 月 3 日到 6 日这几天，上海革命党以"军政府"、"中华民国军政府"、"上海军政分府"等名义，发布了一些重要文告。上海光复后，组织革命新政府成为当务之急。11 月 6 日，部分同盟会会员与上海城自治公所、商务总会、商团等上海各界代表约

60 人，会聚上海城旧海防厅署，筹建新政府。会议由李平书等主持。首先选举文职官员，还算顺利，但在确定军政长人选时却出现了严重分歧。后经商议，与会者认为上海乃交通大埠，光有军政分府不够，应另行推举一位沪军都督，"招集大队雄军北进，以定国是，并为我东南门户之备"。经过一番激烈争执，众目睽睽的沪军都督一职由陈其美出任。这样，上海的新政权就称为沪军都督府。

11 月 7 日，沪军都督府正式成立。其主要机构及人事安排为：沪军都督陈其美，参谋李燮和、钮永建、李英石、黄郛等，顾问官虞洽卿、沈恩孚等，司令部长陈其美，参谋部长黄郛，军务部长钮永建，民政部长李平书，外交总长伍廷芳，财政部长沈缦云，交通部长王一亭，海军部长毛仲芳。从核心人物的构成来看，沪军都督府具有广泛的社会基础，既有立宪派人士、旧官僚，也有社会名流，但占多数的还是革命党人。沪军都督府赋予都督以崇高的地位，其一切军政大权皆由都督掌握。随后，闸北民政总局、上海县政府、南市市政厅、松江军政分府等机构也相继成立。由于革命军内部的矛盾，光复会方面的李燮和后到吴淞，被推为吴淞军政分府的都督。不久李燮和自去都督名号，改称总司令，"承认苏州军政府为江苏全省军政府"，吴淞军政分府隶属江苏都督程德全统辖。

在沪军都督府的组建过程中，出现了一些不和谐的音符。然而，革命形势的发展与变化，迫切需要沪军都督府迅速集中精力去处理众多的棘手的内外事务。

当时，上海及江浙的大部分地区虽已光复，但江南的军事重镇南京仍为清兵固守。在长江中游，清军继攻陷汉口后，又克汉阳，气焰十分嚣张。为了减轻武汉方面的压力，巩固与扩大革命成果，把湖广地区与东南各省连成一片，沪督陈其美与江苏都督程德全、浙江都督汤寿潜商议，决定组建江浙各处联军，首先会攻南京。

上海光复后，工人、学生、商民、妇女等纷纷组织各种军事团体，参加武装斗争。沪军都督府组织沪军先锋队，在上海设立总兵站，号召市民踊跃报名参军。另一方面，上海人民为支援革命战争，积极进行募捐助饷运动。陈其美甚至还设法搞到两架飞机，建立了飞行队。11月下旬，苏、浙、沪军陆续开赴镇江前线。在联军司令部的统一指挥下，各路人马计万余大军向南京发起强劲攻势。12月2日，南京被攻克。当日，苏督程德全、浙督汤寿潜抵沪，与在上海的各省代表"会议办法"。

革命军攻取南京后，士气大振，随之组织北伐。沪军都督府又组成北伐先锋队，以刘基炎为司令，唐之道为统领，共1000余人（一说2000多），于1912年1月誓师北伐。与此同时，同盟会还组织了上海女子北伐敢死队，由沈警音任队长，共70余人。她们经常组织演讲，宣传革命，发动妇女参军参政，协助民军作战。南京光复后，她们又响应号召，参与北伐事宜。由于上海为通商巨埠，工业集中，处东西南北交通之枢纽，凡此决定了沪军都督府在会同各省北伐方面应该作出更大的贡献，除组织人马、派遣海军、筹巨款助饷、供应军器弹药，另外还要为各省军队中转取道提供各种便利。

作为一个资产阶级政权，沪军都督府在荡涤封建旧俗，废除陈规陋习，推动上海社会发展、城市进步方面也做出了大量卓有成效的努力。沪军都督府发布了一系列告示，通令剪辫，禁止赌博，禁止吸食鸦片，还勒令迁移城内有严重污染的工厂，颁行新军律，奖励民族资本，废除一些不利于资本主义工商业发展的苛捐杂税，建立了地方司法制度，拆除旧城墙，等等。这些法令的颁布与实施，使沪军都督府赢得了民心，为会攻南京、支援北伐创造了有利条件。

1912 年 7 月底，沪军都督府被袁世凯撤销，改为江苏都督行辕。

六 曙光，红星，洪流

民族经济发展的黄金时代

　　1914 年 8 月，第一次世界大战爆发。随着战争的不断升级，在华列强英、美、法、德等国不得不暂时放松对中国的资本输出和军事战略物资如棉布、面粉、火油等的倾销。中国的民族经济获得一个长达 10 年的、较为稳定的发展时期。

　　在 1914～1925 年的十余年间，上海的工业门类不断扩大，新开辟的行业有丝织、色织、棉织、帆布、漂染、印花、钢铁、五金、蛋品、制钉、油漆、油墨、版纸、水泥、电器、电池、搪瓷、调味品、照相器材等。一些行业发展迅速，成为上海民族工业的支柱。

　　棉纺织业自 1915 年至 1920 年，由 7 家纱厂、162585 枚纱锭，增为 12 家纱厂、303392 枚纱锭，纱锭数增加了 86.6%。1925 年全市棉纺织厂有 22 家，纱锭 677238 枚，纱锭数比 1920 年增加了 123.2%。

　　丝织厂从 1915 年的 57 家到 1918 年增至 68 家，同期缫丝车由 14964 部增为 18800 部，3 年增幅为 25.6%。

面粉业在大战时期发展尤为迅猛。1921 年上海共有民族面粉厂 20 家，日产面粉 93500 包，比大战前的1913 年增长 2.7 倍，年均增长 17.9%。

一些民族企业家抓住机遇，勇于开拓，积极学习世界各国先进的管理经验，采用先进的技术设备，增强了实力，组建起庞大的企业集团，最为著名的有荣家企业集团、刘鸿生企业集团、永安纺织集团等。

荣宗敬、荣德生兄弟是中国近代著名实业家，无锡西溪人。早在 19 世纪后半叶，荣氏族人就得风气之先，前往上海经商。荣氏兄弟辛亥以前在无锡创办茂新面粉厂和振新纱厂，历经坎坷，在跌爬滚打中，逐渐识得商海水性，积累了经商办实业的经验。1912 年兄弟两人决定向上海发展，从面粉、纺织业入手，很快取得了巨大成功，短短数年间，先后开设了申新纺织一、二、三、四厂，福新面粉一、二、三、四、五、六、七、八厂，成为横跨两业的面、纱大王。1922 年申新系纺织厂的资本总额为 983.5 万，纱锭总数达134907 枚。面粉厂共拥有粉磨机 301 部，日产能力76000 袋，占全国民族面粉厂生产能力的 31.4%。

刘鸿生是浙江宁波人，在圣约翰大学学习过数年，较高的知识水平和宁波人的精明使他在商海中如鱼得水，游刃有余。他从火柴业入手，一点点突破，横向发展码头堆栈、水泥、煤炭业，各业互相支撑、依赖，形成多元发展的企业集团。他不仅是中国的火柴大王，也是煤炭、水泥业巨子，对民族工业的发展做过很大的贡献。

永安集团本是一个以环球百货业为主的商业集团，1918 年 9 月，上海永安百货公司开业后，短短两年，便盈利 83.6 万。集团决定将盈利投资当时发展极为有利的棉纺织业，于 1923 年春，招股 300 万创办永安纱厂，不到两个月便收足股本，之后集团将额定资本扩大为 600 万元，1923 年底，拥有 3 万余纱锭的永安纱厂全部投产，1924 年有 510 台进口布机的布厂也开工投产。纱厂开工出师不利，但凭借雄厚的融资实力，加上善于经营，终于渡过难关。1924 年建成永安二厂，并在全国设立众多分庄、代理处，负责收购原棉，销售成品。至 1925 年，永安纱厂共有纱锭 8 万余枚，布机 760 台，年产棉纱 6 万余件，成为仅次于申新的华商棉纺织集团。

总之，这十年上海民族经济大发展的速度是前所未有的。据统计，自 1915 年至 1925 年，上海的棉纺、火柴、缫丝、面粉、卷烟、制药、机器、电力等 10 个行业总产值均有长足增长，1925 年达到 2.21 亿元，比 1911 年增长了 3 倍多，年平均增长率为 10.6%。

上海在近代中国对内对外贸易中的中心地位，自 19 世纪 60 年代即已牢固确立。上海的对外贸易地区和国家主要为英、美、俄、香港、新加坡、泰国、越南、日、朝。鸦片、棉纺织品、茶叶、生丝一直是 19 世纪进出口的重要商品，20 世纪初禁烟运动兴起后，鸦片的进口大大减少，进口品种发生很大变化，茶叶、生丝仍是重要的出口品种，蛋制品、草帽、花边、猪鬃、羽毛、肠衣等货物出口日益增长，进口货物除五金、钢铁、机器外，还有石油、化学及其他杂项商品。上海与欧美各国的贸易总额占全国外贸总额的一半以上。

外国洋行在上海对外贸易中居于重要地位。上海早期的洋行是从广州分设过来的，1847年，租界内已有24家进出口洋行，1859年增为62家。上海的对外贸易机构据1936年统计有971家，其中欧美等西方洋行559家，占行业总户数的57.57%，以日商为主体的东方洋行116家，占11.95%，华商进出口行296家，占30.48%。

西方洋行在上海进出口业中占有绝对优势。上海开埠以后，怡和、太古等著名洋行通过贸易积累起巨额资金。进入20世纪以后，西方一些垄断资本集团纷纷来沪开设机构，推销自己的产品，规模较大的有美国洛克菲勒垄断集团开设的美孚洋行、德士古火油公司、荷英壳牌火油集团开设的亚细亚火油公司、英国帝国化学工业公司开设的恒信洋行、德国颜料垄断集团开设的德孚洋行、比利时七家钢铁公司在华开设的比利时钢铁联合公司、德国西门子洋行、蔼益吉洋行等等，日本洋行则有三井、三菱、岩井等。

外国洋行为了打开中国市场，往往利用高额薪水、利润，扶植买办、华经理，建立遍布全中国的销售网，收购土货，推销洋货。上海早期洋行买办大多是广东或浙江宁波人，以后进入洋行担任买办的人逐渐增多，地域也不断扩大，江苏洞庭席家有多人长期担任买办。至1936年，随着外国洋行的增多，担任买办和华经理的约有 900 人。买办在代理洋行从事经营活动中，通过月薪、佣金收入、销售利润、贪污，大都积累起可观的资金，转而投资丝茶贸易，开设钱庄、保险，成为中国民族经济发展的重要资金来源，并在一定程度上促进了东西方贸易的发展。

华商贸易机构按不同地区分为"南洋庄"、"东洋庄"、"西洋庄"。"南洋庄"以东南亚地区为主，除以药材、丝绸匹头、杂粮、山地货等土特产出口外，还代理民族轻工业产品的出口。从事对日贸易和经营中日贸易的进出口机构通称为"东洋庄"，其中又按照不同的进出口货物分为"海味业东洋庄"、"百货业东洋庄"。"西洋庄"以欧美各国为贸易对象。

② 新文化运动

民国初年，上海思想文化界发生了深刻的变化，一方面封建思想沉渣泛起，依然作祟。与此同时，一种新的和以前完全不同的思想文化适应批判封建主义的时代需要应运而生，《新青年》杂志的诞生，就是新文化诞生的重要标志。

《新青年》初名《青年杂志》，月刊，1915 年 9 月 15 日上海群益出版社出版，陈独秀任主编。1916 年 9 月第 2 卷第 1 号起改名为《新青年》。1917 年，陈独秀应北京大学校长蔡元培之邀，赴北京任教，编辑部也随陈迁至北京，但仍由上海群益出版社出版。1919 年 6 月，陈独秀辞去北大教授之职，返回上海，编辑部随陈迁回上海。《新青年》的主要撰稿人除陈独秀外，还有李大钊、吴虞、易白沙、鲁迅、胡适、钱玄同、刘半农、高一涵等人。

《新青年》问世后，即高举民主和科学两面大旗，向有着几千年历史的封建专制主义和蒙昧主义发起了猛烈的攻击。

《新青年》的许多文章把批判矛头首先指向专制主义，指出数千年的封建君主制是完全违反人性的。它使人民养成了盲目服从，奴性十足的民族劣根性，同时也极大束缚了人的创造性，必须加以彻底的批判。陈独秀的《吾人最后之觉悟》、《宪法与孔教》等文预言，民主政体代替封建专制是历史的必然趋势，谁也无法阻挡。从批判封建专制主义的目标出发，《新青年》发表一系列文章，对当时出现的尊孔复古思潮进行了批判，其代表作者和文章有易白沙的《孔子平议》、陈独秀的《孔子之道与现代生活》、吴虞的《儒家主张阶级制度之害》等。易白沙指出历代封建统治者尊孔的原因，是因为孔子尊君权，能为统治者所利用。《新青年》的文章对社会上的尊孔复古思潮是有力的打击。

在批孔的同时，《新青年》对以三纲五常为核心的封建伦理道德也进行了全面的批判。陈独秀指出三纲五常是奴隶道德，违反自由、平等、独立的原则，与民主共和精神完全不容。吴虞指出，封建伦理道德中的"孝悌"二字专为君王而设。鲁迅的《狂人日记》更深刻指出，封建伦理道德的实质是"吃人"。

在中国社会中，受封建伦理道德戕害最深的是妇女，封建节烈观对妇女来说是沉重的枷锁，它使无数妇女失去了生的欢乐，甚至被夺去了生命。鲁迅的《我之节烈观》，胡适的《贞操问题》、《论贞操问题》、《论女子为强暴所污》等文，对封建节烈观作了犀利的批判。胡适指出，要妇女为死去的丈夫守节，是不合人情，不合天理的罪恶。

孔子是几千年来读书人的偶像，对孔子的批判实际上已表明了《新青年》对偶像崇拜的态度。陈独秀在《偶像破坏论》中指出，要破除对偶像的盲目崇拜。在另一篇文章中，他号召青年要冲破罗网，解放思想。

在对陈腐的封建思想进行批判的同时，陈独秀和胡适还提出了文学革命的口号，表明了他们建立新文化的愿望。陈独秀和胡适认为，要表达新思想、新事物，必须有新的文学。为使新的思想为大多数人接受，胡适提出了白话文的口号，同时身体力行，作了一些白话文的尝试。鲁迅的《狂人日记》从内容到文学形式都具有划时代的意义。

《新青年》提倡民主和科学，极大地解放了青年读者的思想，缩小了封建思想的影响。

8 上海工人阶级状况

上海是中国近代工业的中心，也是工人阶级最集中的地方。上海工人深受外国帝国主义、本国封建主义和资本主义三种势力的压迫。以工作时间论，上海工人工作时间之长，是世界各国所罕见的。1894年前，上海机器织布局，缫丝厂工人每天工作11小时。1905年前后，各工厂工人的工作时间都延长至12小时，翻砂业则要工作15或16小时。工人的工资极低，19世纪70年代至90年代，祥生船厂、上海机器织布局、燮昌火柴厂等企业，成年工人每日工资200～300文，不到1/3银元。1905年纺织工人平均日薪2角4分。童工工资更低，通常为成年工人的1/2或2/3。为降低成本，纺纱厂大量使用童工。

工人不但深受中外资本家的剥削，还要遭受封建压迫，包身工制就是一种充满血腥味的契约制度。所谓包身工，即工人（大多数为童工）由包工老板以包工形式包来。包工时间通常为3年，3年内，工人的劳动收入为包工头所榨取，包身工完全没有人身自由。

工人的居住条件也极其糟糕，许多工人居住在棚户区或滚地龙里。棚户区的房子极其简陋，用芦苇和泥巴建造，常常外面下大雨，里面下小雨。滚地龙建在一些臭水浜的木船上，环境、空气极为恶劣。

在工厂工作的女工比男工要遭受更多的苦难。纺纱厂的女工进出工厂要忍受搜身的侮辱，一旦怀孕，即被开除，不少女工为保住饭碗，常用布条绷住腹部，造成胎儿窒死腹中。

深重的剥削和压迫，使上海工人从诞生之时起，就具有很强的斗争性。1879年7月，耶松船厂的工人为反对工头克扣工资，举行罢工斗争。9月，祥生船厂工人因外国监工无理殴打工人而罢工。1883 年 5 月、1890 年 8 月，江南制造局工人为反对厂方延长工作时间，两次举行罢工斗争。随着上海工人阶级队伍的日益壮大，阶级意识的日益觉醒，工人的罢工斗争有越演越烈的趋势。据统计，从 1879 年到 1894 年，上海工人罢工 9 次。1895 年到 1913 年为 70 多次，全国为 116 次。1914 年到 1919 年为 85 次，全国为 100 余次。工人的罢工逐渐由分散趋向联合，如 1911 年 8 月，晋昌、长纶、锦华、协和 4 家丝厂女工 2000 多人，破天荒地举行同盟罢工，抗议厂方克扣工资，延长工作时间。1914 年 11 月，上海锯木、泥水等业工人举行同盟罢工，参加者达数万人。1915 年上海人力车夫举行联合罢工，有两万余人参加。在反抗剥削压迫的斗争中，上海工人逐步感到建立工人自己组织的重要性，涌现了一些工人团体。1912 年有人组织"中国民国工党"，1916 年，侨工华荣建立"中华工农联合会"，1917 年，商务印书馆职工组织了"集成同志会"。

上海工人早期的罢工斗争目标主要是为提高工资，缩短工时，取消所遭受的凌辱和虐待等。随着民族危机日益加深，上海工人的政治觉悟也逐步提高，在一些重要的抵御外侮的政治斗争中也发挥了积极的作用。1905 年，上海爆发了声势浩大的反美华工条约斗争，英翰印书馆经理对拒绝印刷华工条约传单的工人进行迫害，引起书馆工人强烈不满，全体罢工。1911 年上海起义及 1915 年反对"二十一条"的斗争中，上海工人阶级都起了积极的作用。

4 五四运动在上海

1918 年，第一次世界大战结束，中国作为战胜国，参加了 1919 年在法国巴黎召开的和会。中国人民原以为在和会上能收回战前被德国攫取的不平等权益，取得与参加和会的其他协约国成员同等的国际地位，一洗近 80 年的民族屈辱，结果大失所望。4 月下旬，中国代表在巴黎和会上外交失败的消息传来，上海各界反应强烈，纷纷通电抗议。5 月 4 日，北京各校 3000 名师生在天安门集会，喊出"外争国权，内惩国贼"的口号，五四运动爆发。

5 月 6 日，上海《民国日报》报道了北京学生的爱国行动后，各界立即行动起来予以声援，抗议北京政府镇压爱国学生的罪恶行径，要求立即释放爱国学生，拒签和约，惩办卖国贼。不久，从北京传来北京政府加紧镇压学生运动，北大校长蔡元培愤而辞职的消息，上海大中学校爱国师生再次掀起声援北京学生的斗争。5 月 11 日，44 所大中学校成立上海学生联合会。5 月 12 日，各团体成立国民大会事务所。学生联合会、国民大会事务所还发起抵制日货运动，各校学生纷纷组织宣传队，上街号召市民抵制日货。在学生爱国热情的鼓励下，上海的民族资产阶级加入了抵制日货运动行列，旅沪商帮协会、上海颜料、棉花联合会、纱业、煤炭、麸业、西药业、糖业、北市绸缎业、木商、南货业、洋杂货海味业、腌腊业等几十个行业公所，都召集会议，研究抵制日货的具体办法。华人报纸停止刊登日商广告，钱庄拒收日币，参加日商取引所（即交易所）交易的华商纷纷退出。这些抵制行动给日本对沪贸易及在沪日本工商业以沉重打击。

上海资产阶级上层对抵制日货运动深感不安，唯恐日本采取报复手段，在经济上遭受损失。上海总商会会长朱葆三、副会长沈联芳等人，于5月9日发表佳电，主张青岛问题由中日政府直接谈判解决，其态度与社会各界一致提出的要求日本无条件归还青岛截然不同。在上海人民的严厉痛斥和各界的反对下，5月30日，朱葆三、沈联芳被迫辞职。

五四运动爆发后，北京的学生曾分赴各地揭露北京政府镇压学生运动的真相，宣传正义主张，以推动爱国运动在全国蓬勃发展。5月中旬，京、津学生代表来沪互通声息。21日在得知北京爱国学生又遭军警镇压后，上海学生联合会决定发动全市大、中学校学生罢课。26日，2万多名学生在老西门外公共体育场集会，申明罢课决心。

6月4日下午，数千名商人会集于南市上海县商会，准备作出全市罢市的决议，遭到军警驱赶。这时，上海学生联合会接到6月3日北京学生大批被捕的消息，分赴各工厂、商店要求罢工、罢市，声援北京学生。6月5日，上海的华界和租界实现全面罢工、罢市。下午5时，各界代表作出6日继续罢市的决定，并建立了上海商学工联合会。

上海工人阶级在三罢斗争中充分显示了中国工人

阶级英勇无畏的斗争精神。6月5日中午，沪西曹家渡小沙渡日商内外棉三、四、五纱厂约6000名工人全体罢工，随后其他日商纱厂工人也纷纷罢工。淞沪警察厅长徐国梁调军警在沪西、沪东各工厂门口进行阻拦，禁止罢工工人出厂，但未能阻挡住众志成城的工人。6日，华商、英商、法商电车公司工人一致罢工，全市交通瘫痪。11日左右，罢工人数达到10余万人。其中沪宁、沪杭、淞沪三线铁路工人的罢工及上海海员的罢工，在全国引起极大的震动。面对全市交通瘫痪、工厂停工的巨大压力，6月10日，北京政府不得不宣布罢免曹汝霖、章宗祥、陆宗舆。上海的三罢斗争取得了初步的胜利，全市各商店开市，但上海人民的斗争并没有结束。6月27日、29日、7月1日又多次举行声势浩大的集会游行，宣告否认巴黎和约。在上海及全国人民的一致反对下，参加和会的中国政府代表拒绝在和约上签字。

中国共产党诞生

俄国十月革命的胜利，扩大了马克思主义在中国的影响。1918年10月起，《新青年》先后发表了李大钊的《庶民的胜利》、《布尔什维克主义的胜利》等文，宣传十月革命的胜利，传播马克思主义。陈独秀、李大钊等人成了中国第一批初步具有共产主义思想的知识分子。自1920年起，他们开始从事建党的准备工作。

1920 年初，共产国际鉴于五四运动后，社会主义思想广泛传播，中国人民迅速觉醒的形势，决定派人来华推动建党的组织工作。3 月，魏金斯基来到中国，分别在北京、上海会见李大钊、陈独秀，讨论在中国建立共产党的问题。双方一致认为建党的时机已经成熟。

1920 年 8 月，中国共产党上海发起组成立，陈独秀任书记。12 月，陈独秀应邀赴广州，任教育委员会委员长之职，先后由李汉俊、李达任代理书记。

中国共产党上海发起组成立后，《新青年》杂志成为自己的机关刊物，开始系统宣传马克思主义的学说。同年 11 月，发起组创办秘密刊物《共产党》月刊，还翻译出版了不少介绍马克思列宁主义思想学说的著作，如《马克思资本论入门》、《社会主义史》、《阶级斗争》、《共产党宣言》。发起组还拟定了《中国共产党宣言》，提出党的最终目标是废除资产阶级政权，经过无产阶级专政，实现共产主义。

上海发起组还加强了对工人的宣传教育。8 月 15 日，面向工人大众的《劳动界》周刊创办，发起组成员经常在上面撰文，用浅显易懂的语言，向工人宣传马克思主义，号召工人团结起来，向资本家作斗争。湖南学生李中一直在工人群众中进行宣传发动工作。10 月，他在上海发起组的帮助下，发起上海机器工会筹备会，陈独秀担任经募处主任。11 月 21 日，上海机器工会成立时，陈独秀和孙中山都到会祝贺。这是上海党组织领导下建立的第一个工会组织。12 月，印刷工会成立。李启汉受党组织委派，深入小沙渡一带工厂，开办工人半日学校，后改为工人游艺会。

1921 年 1 月，上海发起组为加强对工人运动的领导，成立职工运动委员会，由俞秀松、李启汉负责。5 月 1 日职委会组织了"五一"纪念会，在杨树浦与叉袋角两处，共有 1 万多人参加。

推动全国各地的建党工作，是上海发起组的一项重要活动。陈独秀曾写信给李大钊，要李大钊在北京建立党组织，并负责北方的建党工作。李汉俊、刘伯垂受党组织委派去武汉筹划建党工作。1921 年 6 月 3 日，共产国际驻中国代表马林到达上海，与上海共产党发起组的李达、李汉俊进行联系。按照马林的建议，由李达分别与在广州的陈独秀、在北京的李大钊商量，确定 7 月在上海召开中国共产党第一次全国代表大会。

7 月 23 日，各地代表全部到达上海，晚上 8 时，中国共产党第一次全国代表大会在法租界贝勒路树德里 3 号（现兴业路 76 号）开幕。会议正式代表 12 人，即上海代表李达、李汉俊，北京代表张国焘、刘仁静，长沙代表毛泽东、何叔衡，武汉代表董必武、陈潭秋，广州代表陈公博，济南代表王烬美、邓恩铭，日本留学生党员代表周佛海。包惠僧代表陈独秀出席。参加会议的还有共产国际代表马林等。会议自 7 月 24 日至 30 日，开过 5 次。7 月 31 日，会议转移到嘉兴南湖，中午 11 时，在一条画舫上继续开会。

中国共产党第一次全国代表大会通过了中国共产

党第一个纲领，第一个决议，确定了党的性质，规定了党员条件，并对党的现阶段基本任务作了规定。代表们还讨论了《中国共产党成立宣言》。由于党处于秘密状态，该宣言没有发表。

大会选举了党的中央领导机构，陈独秀任中央局书记，李达任宣传主任，张国焘为组织主任。

中国共产党的成立是中国历史上开天辟地的大事，"自从有了中国共产党，中国的面貌就焕然一新了"。

6　五卅运动

1924 年 1 月，国民党第一次全国代表大会在广州召开，标志着第一次国共合作开始。为迎接革命高潮的到来，1925 年 1 月，中国共产党第四次全国代表大会在上海召开，通过了关于民族革命运动、职工运动、农民运动、妇女运动、青年运动等决议案。大会以后，党加强了对上海工人运动的领导。

四五月间，上海日商纱厂资本家借口纱市不景气，加重了对工人的欺压，并以关闭工厂对工人进行威胁。在工会的领导下，工人则以消极怠工来对付日本资本家。5 月 14 日，内外棉十二厂工人代表多名被无故解雇，5 名工人遭毒打并被当局逮捕。工人不堪忍受，举行罢工。七厂的资本家借口十二厂的罢工影响了它的棉纱供应，宣布关厂。

15 日傍晚，七厂约 600 名夜班工人仍照常去厂上班，见大门紧闭，共产党员顾正红率领大家冲进厂内，日本工人和职员用刀和木棍向工人乱砍猛击，大班川村还持枪向顾正红射击。顾正红连中4枪，送医院后不久牺牲。同时受伤者10余人，被捕3人。

日本工人和大班的暴行激怒了上海各界人士。第二天，内外棉五、七、八、十二等厂的7000多名工人举行了大规模的罢工。中共中央发出通告，呼吁全国各界援助上海罢工工人。5月24日，在上海党组织的领导下，各界人士10000余人在潭子湾举行声势浩大的顾正红追悼大会，强烈谴责杀人凶手的罪行，把追悼大会开成了一个反帝斗争动员大会。

面对怒不可遏的上海工人、学生，工部局等殖民机构完全暴露了自己的真实面目，他们不仅为凶手张目，还在5月23日、24日两天先后捕去6名上街演讲的爱国学生。租界当局的倒行逆施，使上海各界人民的反帝情绪更加高涨。5月28日，中共中央决定，在会审公廨预定审讯被捕爱国学生的5月30日这一天，广泛组织动员各校学生上街开展宣传演讲，在租界中心举行反帝大示威。

5月30日清晨，各校学生从四面八方向公共租界汇聚。会审公廨门口围着许多等候审判6名爱国学生结果的学生和市民。当工部局对被捕学生作出还押交保100元暂释的审判决定传出后，会审公廨门口的学生极为愤怒，他们高呼"收回会审公廨"的口号，久久不去。下午2时，市民和学生越聚越多。3时45分，英捕头埃弗森下令向示威群众开枪。顿时枪声大作，站在前面的共产党员、上海大学学生何秉彝中弹倒下。同时牺牲的学生和市民还有 12 人，受伤者难以计数。

南京路的血案震惊了整个上海。当天晚上，中共中央召开紧急会议，决定发动社会各界开展罢工、罢课、罢市，对帝国主义作坚决的斗争。同时决定联合各业工会，成立公开统一的上海总工会。6 月 1 日，上海总工会发表告全市工友书，号召全市工人从 6 月 2 日起实行总罢工。自 1 日至 3 日，全市参加罢工的工厂和人数越来越多。全市绝大多数大学和中学学生都响应总工会的号召，参加了罢课。为使上海总商会作出罢市的决定，5 月 31 日下午，风闻总商会将开会研究对惨案态度的学生、工人、店员、小商人以及市民，将商会团团围住。晚上总商会副会长作出罢市决定，宣布上海商界于 6 月 1 日起罢市。

为实现各界大联合，更好地与帝国主义斗争，6 月 4 日，上海工商学联合会成立。7 日，联合会提出了 17 项交涉条件，主要内容为惩凶、赔偿、取消治外法权、领事裁判权、收回会审公廨、撤退驻沪英、日海陆军等。这 17 条具有鲜明的反帝色彩。

但上海资产阶级上层随即暴露出对帝国主义的妥协倾向。上海总商会在 6 月 10 日召集全体会员大会，成立了一个独立机构——"五卅委员会"，欲独揽五卅惨案的交涉权，并拟定了与 17 条精神迥异的 13 条交涉条件，去掉了 17 条中的"取消领事裁判权"，撤退驻沪英、日海陆军以及保护工人利益等重要内容。就是这样的交涉条件，由美、英、日、法、意和比利时六国组成的"六国调查沪案委员会"也拒绝以此为基础进行讨论，以后干脆拒绝谈判，离沪返京。

交涉失败，以及随着罢市的继续，经济上承受的损失越来越大，使得上海的中下层资产阶级对"三罢"从支持、动摇转向抵制。6月19日的总商会会议上，大部分商人要求取消罢市。26日，商店开市。但工人的罢工、学生的罢课仍在进行，未受影响。工商界虽然开市，尚能遵守允诺，在经济上支持罢工。为对华商施加压力，租界当局使出险恶的一招，工部局电气处借口电厂工人罢工，停止向租界内工厂供电，大部分华商工厂被迫停产。蒙受巨大经济损失的华商资本家转而要求电厂工人复工，在遭拒绝后，竟完全站到了罢工工人的对立面，停止向罢工工人援助生活费。

这时，日本帝国主义扶植的奉系军阀势力从北方扩大到上海。6月中旬，2000名奉军开进上海。22日，奉军淞沪戒严司令部宣布上海戒严，禁止一切反帝活动。

为了保存实力，巩固已取得的成果，中共党组织决定改变总罢工的策略，有条件有组织地动员工人复工。8月10日，上海总工会通过了《五卅罢工最低复工条件宣言》，坚持了反对帝国主义，维护工人阶级和各界人民利益的原则立场。此后，有关复工的谈判主要在各业各厂工会与资本家之间进行。在工人提出的实际问题得到部分满足后，至10月上旬，上海各业、各厂工人陆续复工。

7 上海工人三次武装起义

1926 年 7 月，广东国民革命军开始北伐，进军神速，很短时间内即击溃盘踞两湖的吴佩孚势力，进入江西，对东南军阀孙传芳形成攻势，为五卅惨案后陷于低潮的大革命走向高潮，创造了有利的条件。

9 月 3 日，中共上海区委主席团举行会议，作出了在上海举行一次武装起义，以响应北伐军进军，实现上海自治的决定。6 日，上海区委发表《告上海市民书》，号召上海人民奋起反抗军阀统治，并对武装起义做了准备，建立工人纠察队，还与商会的商团及国民党驻沪特派员钮永建的力量进行了联络。

10 月 10 日，北伐军攻克吴佩孚据守的南昌。15 日，浙江宣布脱离孙传芳独立。16 日，浙军一部沿沪杭路向松江进军。

上海区委与钮永建商定 24 日凌晨举行起义。23 日，孙传芳先一日攻克杭州，并在上海加强了警戒，使起义的有利时机顷刻丧失。上海区委被迫作出决定，停止起义。

第一次武装起义的失败并没有使共产党人气馁，在总结起义失败的原因后，中共上海区委决定寻找时机，再次起义。

1926 年 11 月，北伐军占领江西全境，12 月攻下福建全省，迅速向浙江省境内推进。1927 年 2 月，攻下杭州，前锋直指嘉兴。中共中央决定，北伐军进抵松江时，实行上海工人总罢工，并举行第二次武装起义。19日凌晨6时开始，根据上海总工会的决定，全市工人总同盟罢工开始。至第四天，罢工人数达36万。孙传芳预感不妙，已准备离沪逃遁。但20日在嘉兴的北伐军接到蒋介石的命令，停止向上海进军。中共中央研究后，于21日傍晚仍作出了举行第二次武装起义的决定，起义时间为22日上午6时。

按照计划，首先由停泊在黄浦江上的建康、建威两艘敌军军舰起义官兵向高昌庙发炮20余发，然后浦东工人乘小轮上军舰取得武器，交南市工人纠察队，并协同军舰起义官兵攻打浦西兵工厂。但傍晚时分，两艘军舰起义官兵向高昌庙发炮后，浦东工人未能按计划上军舰取得武器，整个计划无法实施。后两舰起义者被迫撤离。第二次武装起义又失败了。为避免损失，保存实力，24日，上海总工会向各工会发布复工命令。

两次起义的失败给起义组织者以深刻的教训。为避免重蹈前两次起义过分依赖国民党特派员钮永建力量之覆辙，中共中央决定独立领导第三次武装起义，并设立"特别委员会"（又称"特务委员会"），作为起义的领导机构。委员会由中共中央总书记陈独秀、中央局委员彭述之、中央军委书记周恩来，以及罗亦农、赵世炎、尹宽、汪寿华、王子璋8人组成。周恩来等对起义做了十分细致的准备，建立了一支5000人的工人纠察队，进行了认真的军事训练，并制订了周密的作战计划。按照这个计划，全市将分为闸北、南市、沪东、虹口、浦东、吴淞 7 个作战部，各部都有本部的主攻目标。在积极进行武装起义准备工作的同时，还加紧开展自治运动。3 月 12 日，共产党起主导作用的上海市临时市民大会召开，在大会选出的 31 名市执行委员中，共产党员有 11 人。

3 月中旬，北伐军从江浙两面向上海加紧合围。19 日，北伐军攻占松江、吴江、宜兴，向上海进逼。同日，中共上海区委发出了第三次武装起义的预备动员令。20 日，北伐军白崇禧部攻克市郊龙华。21 日上午，中共上海区委作出了当日正午 12 时全市举行总同盟罢工及武装起义的决定。

正午 12 时，随着南市救火会的钟声，全市 80 万工人举行总同盟罢工。与此同时，起义者从租界涌入华界，按预定部署，向各自的主攻目标发动进攻。

纠察队员手中的武器只有木棍、扁担、榔头、斧头，枪支很少。但他们凭着英勇无畏不怕牺牲的精神，很快攻占了南市及沪东、沪西、浦东地区的军阀据点。北火车站是军阀守卫的重点，部署了重兵。敌人凭借优势火力给起义者造成了很大的压力。但随着其他各区战斗的结束，前来助战的起义者越来越多，对敌人的压力也越来越大。在政治攻势下，突围不成，守又无望的天通庵车站敌人被迫投降。东方图书馆的守军企图换装逃跑，被全部活捉。周恩来、赵世炎等下达了向敌人最后一个据点北站发动总攻的命令。起义者冒着敌人密集的火力，毫不畏惧地向敌人冲去。敌军首领毕庶澄见大势已去，逃入租界，其余守军也纷纷逃窜。晚6时，北站被起义者完全占领。至此，上海工人阶级终于用自己的生命和鲜血，推翻了北洋军阀在上海的黑暗统治。

3月22日，上海市临时市政府成立。在选出的19名市政府委员中，共产党员和工人代表占10名，超过半数。

8 "四一二"政变

上海工人第三次武装起义的胜利，使帝国主义在上海的利益受到直接的威胁。他们预感到中国革命的进一步发展，将使其在华势力从根本上被动摇、铲除，于是处心积虑地从革命队伍中寻找代理人，以继续维持在华利益。

当时担任国民革命军总司令的蒋介石，就是帝国主义竭力加以笼络、拉拢的对象。随着革命的节节胜利，蒋介石的面目逐渐暴露。

蒋介石进入上海后即公开表示，国民革命军是帝国主义各国的朋友，决不用武力改变租界现状，并保证与租界当局合作，维持旧的法律和秩序。蒋介石还对前来拜访的大资本家明确表示，将尽力维护他们的利益，劳资冲突由他一手负责解决。由此，蒋介石取得了帝国主义各国和上海资产阶级上层的支持。公共租界、法租界均允许蒋介石带武装人员自由出入租界。虞洽卿等15名江浙大资本家为蒋介石向上海工商界筹集了300万元反革命活动经费。与此同时，蒋介石加紧进行叛变革命的准备。他一脚踢开上海工人第三次武装起义的成果——上海市临时政府，另外成立"上海临时政治委员会"，并宣称这是上海最高权力机构，一切工人武装纠察队、工会均必须置于他的管辖之下，否则以违法叛变论。4月3日，蒋介石与汪精卫举行秘密会谈，拟订了发动反革命政变计划。

　　4月9日，蒋介石任命白崇禧和周凤岐为淞沪戒严司令，委派特务处长杨虎具体执行反革命政变计划后，离开上海去南京。

　　4月11日，蒋介石正式下达清党令。第二十六军的士兵迅速开往全市各处，黄金荣、杜月笙的"中华共进会"也立即行动。当晚，上海总工会委员长汪寿华被杜月笙骗至家中，武装绑架，然后送往郊外杀害。

　　12日凌晨开始，上海总工会所在地——湖州会馆、上海工人纠察队总部被中华共进会的流氓及周凤岐的部队连骗带压，先后占领。华商电车公司、南市区工人纠察队总部所在地——三山会馆，浦东、沪西、吴淞、江湾等地的工人纠察队也都遭到武装流氓和第二十六军的袭击围攻。全市工人纠察队员有2700人被解除了武装，120人在与武装流氓和第二十六军士兵的战斗中牺牲，180人受伤。

　　血的事实震惊了整个上海，当天中午12时，上海的100多个团体、5万多名工人和市民在闸北青云路广场集会，要求第二十六军交还枪械，拥护上海总工会。会后举行了游行示威。数万人浩浩荡荡向上海总工会所在地——湖州会馆一路行进，将其夺回。下午，南市区 30 万群众冒雨前往龙华，要求白崇禧发还纠察队的枪械，释放被捕工人。

13 日，全市 20 万工人响应上海总工会的号召，举行总同盟罢工，抗议反动派压制上海工人运动，残害工人纠察队员的血腥罪行。上午 10 时，总工会在青云路广场举行群众大会，决议下午再次举行游行示威，向第二十六军第二师司令部请愿。

下午 1 时，参加游行示威的工人、市民整队出发，队伍从青云路至横浜路再转入宝山路，行至宝山路三德里附近时，早有准备的第二十六军士兵突然冲出，用机枪向示威者不停地扫射。游行的群众毫无戒备，纷纷中弹倒下，100 多人当场牺牲，受伤者不计其数。宝山路血流成河，革命者尸体堆积如山。

这天下午，南市一支游行示威队伍经过南火车站时，也遭到第二十六军的屠杀，当场被枪杀十余人，伤数十人。

白色恐怖笼罩着上海。上海总工会被取缔，许多进步组织社会团体被查封。疯狂的大搜捕、大屠杀持续了 4 天，大批共产党员、工会领导人被捕，300 余人被杀，失踪者无数。

七 三十年代

——发展与战争的劫难

反抗白色恐怖的革命斗争

四一二反革命政变后，南京国民政府成立，标志着蒋介石在全国建立了反革命独裁统治。为了扑灭革命的星星之火，蒋介石在全国实行了充满血腥味的白色恐怖。

在上海，进步工会都被国民党军警查封，工会领导和积极分子大批被捕遭杀害。上海总工会所属各产业工会及区工联等领导机构，均被迫转入地下。上海总工会领导下的工会会员从82万锐减到28万。

大批优秀的中共领导人惨遭屠杀。如中共五届中央委员、江苏省委书记陈延年、江苏省委代理书记赵世炎、中央政治局常委兼组织局主任罗亦农、中共政治局委员中央农委书记彭湃，政治局候补委员杨殷、著名的青年运动领导人恽代英等。

但是共产党人是斩不尽，杀不绝的。党的八七会议批判了陈独秀错误路线，提出了用武装反抗国民党统治的正确口号，大大加强了对武装斗争的重视。

1927 年 9 月，中共江苏省委派遣巡视员陈云深入青浦、松江地区开展农民运动。1928 年 1 月 3 日，在陈云和青浦县委书记夏采曦等领导下，小蒸农民举行暴动，镇压了地主土豪，还向范浜、新镇等处的团防局进攻，收缴了 40 枝枪，加强了自己的力量，声势大震。松江、枫泾农民紧接着也进行了暴动。1 月 11 日，武装农民处决了 7 名地主恶霸。次日，在陈云的指挥下，约有 500 名农民手持枪支、大刀、钉耙参加了攻占枫泾的战斗。当地的自卫团枪支全部被暴动农民夺走。4 月 10 日，嘉定六里乡农会会员在县委书记沈金生、省委特派员周慰农等的领导下，包围反动乡董傅企周的家，没收其财产，分发给农民，焚毁了傅的房屋。在六里乡农民英勇斗争的鼓舞下，附近黄渡、外冈、朱桥、娄塘、马陆、方泰等地的农民也奋起暴动，参加者总计达 800 人左右。4 月 12 日，400 多名农民攻打外冈镇，将镇上地主房屋付之一炬后，又攻打葛隆镇。当地的党组织抓住有利时机，发动各地农民与土豪劣绅斗争，使嘉定的农民武装斗争一时名声大振，地主恶霸为之胆寒。

为了加强党对上海郊县农民斗争的领导，1928 年 10 月，江苏省委特建立淞浦特委，由杭果人担任特委书记，陈云任组织部长。淞浦特委成立后，经过一段时间的深入发动和准备，于 1929 年 1 月，领导奉贤县庄行的农民举行武装暴动。21 日，约有 600 名武装农民攻打庄行镇。1930 年 8 月，在南汇县委委员沈千祥、江苏省委巡视员黄理文的领导下，近千名农民举行"泥城暴动"，击毙公安分局长和 6 名警察，缴获枪支10 余枝，这些农民暴动虽然发生在革命低潮时期，未能长久坚持，但它们打击了恶霸地主的嚣张气焰，增强了农民的斗争信心，给反动统治者以很大的震动。

1930 年以后的一段时间，中共中央逐渐为左倾路线所统治，李立三、王明等人对敌强我弱，革命处于低潮的形势作了完全相反的估计，认为革命的高潮即将到来，在白区工作中，提倡和采取了许多暴露和牺牲自己力量的"左"倾冒险斗争形式，组织赤色工会，号召罢工、罢课、罢市、游行示威、飞行集会，甚至提出举行城市武装暴动。上海是个反动军警集中的地方，这些斗争不仅未能给敌人以有力的打击，相反暴露了自己，无谓地牺牲了许多同志，增加了那些同情和倾向革命的工人群众的疑虑，孤立了自己，使自身的处境更为困难。

从 1928 年起，由于叛徒的出卖，一些党的领导人被捕遇害。为减少叛徒对于革命事业的危害，保护党的中央机关和领导人，更好地在白区坚持斗争，中共中央于 1927 年 11 月以原中央军委特务工作处为基础，成立中央特科，由军委书记周恩来直接领导，下设总务、情报、行动、交通 4 科，主要任务为搜集情报，营救被捕人员，严惩叛徒。特科成立后，先后镇压了一批为害极大的叛徒，如出卖罗亦农的何家兴，出卖彭湃等人的原中央军委秘书白鑫。特科情报科还在国民党特务机关中建立了自己的情报网。钱壮飞、李克农等人打入国民党的最高特务机关，搜集了一些重要的情报。1931年4月24日，中共中央政治局委员顾顺章在武汉被捕叛变。特务头子徐恩曾的机要秘书钱壮飞将这一情报火速报告中央，周恩来在一天内将中共中央、江苏省委及共产国际驻沪机关迅速转移，避免了一场险恶的灾难。5月，顾顺章被特科镇压。

② 中国民权保障同盟

南京政府建立后，为强化法西斯统治，推行个人独裁，蒋介石从组织和法律上采取了一系列措施。1929年，蒋介石建立了"中统"特务组织，1932年又建立"军统"。蒋介石亲自委派亲信担任这两个组织的头目，使它们完全听命于蒋本人。同时，蒋介石还通过一系列法律，使法西斯统治合法化。1928年3月颁布的《暂行反革命治罪法》，规定凡反对国民党及国民政府或是"破坏三民主义"的行为，都是"反革命罪"。1931年又颁布《危害民国紧急治罪法》，规定危及南京政府统治的人均处死刑，宣传与三民主义不相容之主义者，可处5年至15年以下有期徒刑。蒋介石的这些做法，引起国内各界进步人士的强烈不满和反感。1932年12月，宋庆龄、蔡元培、杨杏佛、黎照寰、林语堂等在上海发表宣言，发起组织中国民权保障同盟。宣言明确指出，同盟的建立是为了营救政治犯，废除非法拘禁、酷刑及杀戮，维护公民结社、集会、言论自由。12月29日，中国民权保障同盟正式成立。宋庆龄强调，同盟首先关注的是援助那些关押在监狱里的大量的政治犯。1933年1月17日，同盟的第一个分会——上海分会成立，宋庆龄、蔡元培、杨杏佛、鲁迅、邹韬奋、胡愈之等9人当选为上海分会执行委员。同盟也计划在全国各大城市成立分会。后来除了在北平成立了分会，活动了一个月外，各地分会都没有建立起来。因此，上海分会实质上成为中国民权保障同盟的基本力量。

同盟成立后，为迫使南京政府释放政治犯，进行了大量的活动。他们想方设法进入监狱，了解政治犯在狱中遭受的非人待遇和迫害的情况。然后，通过报界向世人披露，引起各界对南京政府的广泛不满和谴责，对蒋介石施加压力，迫使他不得不同意释放一些政治犯。不少著名的共产党人及爱国进步人士经过同盟的积极营救，获得自由。牛兰是赤色工会远东分会上海办事处的秘书和共产国际远东局的秘书，夫人是他的助手。1931年6月牛兰夫妇在上海寓所被捕后，在狱中进行绝食斗争。宋庆龄亲往南京监狱探望牛兰夫妇，后蒋介石在国内强大的舆论压力下，被迫释放牛兰夫妇。

1932年12月，北平反动军警逮捕了宣传抗日的大学教授许德珩、侯外庐、马哲民，后又拘捕了各校大批爱国师生。宋庆龄、蔡元培、杨杏佛、黎照寰、林语堂等人致电蒋介石、宋子文及平津卫戍司令于学忠，要求立即释放被捕师生。他们还分别给北平市长、公安局长、南京中央党部拍发营救电报。许德珩等教授及各校被捕学生被陆续释放。1933 年 3 月下旬，陈赓、罗登贤、廖承志、余文化、谭国辅五名革命者在上海被捕。宋庆龄 4 月 1 日亲自发表《告中国人民》书，指出，这些被捕的革命者是中华民族最高尚的代表人物，如果允许这些革命战士被监禁，甚至被害，就是允许了可恶的反动势力摧残中国民族生命的根苗。宋庆龄号召人民行动起来，迫使南京政府释放他们。4 月 3 日，民权同盟成立营救政治犯委员会，宋庆龄又亲赴南京向行政院长汪精卫和司法部长罗文干进行交涉。

民权保障同盟被蒋介石视为实行法西斯独裁的绊脚石，但碍于宋庆龄是孙中山夫人，在中国人民中享有崇高威望，蔡元培是国民党元老，不敢予以加害，遂把屠刀指向杨杏佛。1933 年 6 月 18 日晨 8 时，杨杏佛乘车途中，被预先埋伏的 4 名杀手暗害。

刽子手的枪声没能吓到宋庆龄、蔡元培、鲁迅，但有人退缩了。此后，同盟无法再开展活动，结束了自己短暂而辉煌的历史。

3 特别市和大上海计划

1927 年 5 月，南京政府宣布设立上海特别市。7 月 7 日，上海特别市正式成立。南京政府将宝山县属的大场、杨行两乡，松江、青浦两县所属七糕乡的一部分，松江县莘庄乡的一部分以及南汇县周浦乡的一部分，划归上海。这样，加上原有地区，上海的占地面积为 494.67 平方公里，比过去大为拓展。

为了强化管理和统治，市政府设立了一套比较完备的办事机构。市政府下设秘书处和财政、工务、公安、卫生、公用、教育、土地、农工商、公益九局。后公益局裁撤并入他局，农工商局改为社会局。局下设科、股，各有职责。1927年9月，设立淞沪卫戍司令部。第二年改称淞沪警备司令部。1932年，为了加强法西斯统治，在警备司令部、公安局外，又曾设市保卫处。此外，还有名目各异的委员会。通过这些机构，南京政府将上海华界牢牢地控制在手中。

特别市市政府成立后，即着手制定上海华界的城市建设发展计划。开埠以后，上海的城市景观形成租界和华界的鲜明对立。南京政府深知上海是一个中外观瞻所系的城市，按照现代的城市功能要求，建设一个新的上海，有着非同一般的影响。自1927年7月开始，经过两年的酝酿，1929年7月，市政府第123次会议通过了以上海市区外东北方向约7000余亩土地，作为新上海的市中心区域计划。8月，上海市中心区域建设委员会成立。委员会陆续提出了市中心区域的分区计划、道路计划、黄浦江虬江码头建造计划，以及上海分区和交通计划，统称为"大上海计划"，或为"大上海建设计划"、"新上海的建设计划"。

按照市中心区域计划，市中心区域划分为政治、商业、住宅三个区域。政治区在中心区域的中央，政府机构及市图书馆、博物馆等重要公共设施均设在此区内。区域交通干道的两侧以及未来的吴淞港和铁道总站附近为商业区，其余为住宅区。区域内道路设计分为干道和次要道路两种。整个道路系统呈网状结构，由中央通向四周，把全区连成一个整体。

大上海计划的第二项重要内容是港口铁路建设。设计者充分利用黄浦江下游江宽水深的天然条件，决定在虬江口建造码头。为提高吴淞江的运输能力，拟对吴淞江加以疏浚、整治，还准备开凿一条运河，将蕴藻浜与吴淞江联结起来。铁路建设的要点是分建客运和货运总站。货运总站设在真如（今上海西站所在地），客运总站在市中心区域西境外、江湾镇东北的中山北路。两站之间建新线相联结。另外伸出二条支线，分通港区码头、蕴藻浜工业区、吴淞炮台湾。

大上海计划的第三项内容为全市分区计划。按照计划，全市分为五大区域，即行政、工业、商港、商业和住宅区。新的市中心区域中央部分为行政区。工业区主要是两大块，一块为吴淞江及蕴藻浜下游两岸和黄浦江高昌庙一带原有的工业区，另外确定真如至大场地区为新工业区。吴淞镇以南、殷行镇以北沿江地带为商港区。市中心区域和沪南旧县城城厢为商业区。租界原已形成的商业区原封不动予以保留。住宅区大部分在市郊。

道路为城市的动脉，大上海计划中的道路计划是全市建干道20余条，总长度约500公里。其中南北干道从宝山镇起，中经蕴藻浜、江湾镇、北四川路、租界、上海旧县城、南火车站过江，由上南公路直达闸港镇，东西干道自江湾镇向东，由翔殷路到达浦滨，向西经大场与沪太路相接。

由于缺乏开发经费，特别是 1932 年 "一·二八"
事变爆发，使得大上海计划未能全部实现，仅完成了
市政府新厦、体育场、图书馆、博物馆、医院和卫生
试验所、虬江码头第一期工程等建设项目。另外还在
市中心区域及城市外围新辟了不少道路。

4 官僚资本的膨胀和民族资本的萎缩

蒋介石上台，是得到江浙资本家资助的，他们对
蒋介石输与巨款，目的是蒋上台后，能采取符合民族
资本家利益的经济政策，发展民族资本主义。但事与
愿违，蒋介石上台后，对民族资本一再勒索压榨，使
中国民族资产阶级的希望彻底落空。据统计，1927 年
4 月底，南京政府指令由江苏兼上海财政委员会出面，
发行江海关二五附税库券 3000 万元。1928 年初，又续
发 4000 万元。上述库券主要向江浙资本家摊派。为使
心怀不满的江浙资本家屈服，蒋介石不惜指使地方当
局绑架人质，直到同意认购摊派方才罢休。

为垄断全国的金融资本，蒋介石集团采取了一系
列措施。1928 年 11 月，在上海设立中央银行，作为国
家最高金融机关。随后，又处心积虑地将曾为北平政
府两大金融支柱的中国银行和交通银行攫取到手中。
蒋介石集团的手法是，强行加入官股。到 1935 年，中
国银行加入 2000 万元，和该行原有商股相当。交通银
行加入 "官股" 55%。蒋介石还对两行的人事作了安
排，由宋子文等人及其亲信担任两行的董事长和总经

理。至 1935 年，蒋介石控制的大银行有中国银行、交通银行、中央银行、中国农民银行、中央信托局、邮政储蓄汇业局，即所谓的"四行两局"。四行两局成为蒋介石集团金融垄断资本的支柱。此外，蒋介石还把手伸向一些民营银行。1935 年"白银风潮"中，蒋介石集团蓄意制造中国通商、四明和中国实业三家银行挤兑风潮，然后以帮助它们摆脱危机为名，派员予以接管，从而直接控制了这三家银行。此后，蒋介石集团还采取同样卑劣的手法，使"北四行"（金城、盐业、中南、大陆）、"南三行"（上海、浙江实业、浙江兴业）等民营银行都在他们控制之中。这样，蒋介石完成了对中国垄断金融资本的控制，由此，掌握了整个中国的经济命脉。

蒋介石集团不仅对民族金融资本一味榨取、掠夺，对民族资本工商业也常常通过提高税率，进行敲骨吸髓的搜刮。卷烟统税初为每箱 2 元，1932 年加至 55 元，增加了 26 倍。棉纱、面粉、水泥、火柴统税税率增长也极快，1931 年至 1934 年，荣氏纺织企业被抽税捐 1500 余万元。

1931 年"九一八"事变发生后，上海的民族资本工商业还面临着失去东北市场及原料供应地带来的种种困难。东北沦陷后，原以东北为重要市场的面粉、棉织品、橡胶制品等行业相继陷入困境。1933 年 10 月，全市面粉积压 300 万包，价格跌至成本以下。橡胶行业从 1931 年的 48 家减至 34 家，其中还有 10 家停工。棉纱的生产因东北市场为日本厂商独占，也遭受巨大损失。1933 年四五月，华商纱厂联合会决定各厂减产23%～25%，全市华商纱厂资本由 3720 万两降至2700 万两。

为摆脱困境，上海民族资产阶级一面呼吁政府抗战，一面发起国货运动，希望通过宣传来刺激国货产销。1932 年 12 月，上海地方协会将 1933 年定为国货年。但这一国货运动并没有创造起死回生的奇迹。

5 色彩斑斓的海派文化

近代上海不仅是经济、商业、金融中心，还是一个文化中心。上海的新闻、文学、戏剧、电影、美术在近代中国的文化发展史上具有突出的地位。

上海是中国近代最重要的报纸杂志出版地，一个重要原因是上海的大多数报纸集中在租界，相当一部分以洋商名义注册，中央政府很难干预。不少报纸在其他地方难以生存，却可以在上海安家落户。戊戌维新时期，宣传改良的《强学报》在京城难以立足，迁到上海后，成为一张很有影响的报纸。特殊的政治格局使上海成为近代中国各派政治力量宣传政治主张，各类思想文化团体传播新知识的最好舞台。从清末震动朝野的《时务报》、宣传维新改良主张的《万国公报》，到 1905 年拒俄运动中的《俄事警闻》和《警钟日报》，同盟会时期反清排满的"三民"（《民呼日报》、《民吁日报》、《民立日报》），上海的报界言论耸动全国，推动着中国的革命和进步运动，传播了西方文化和近代文明。

上海的文学，晚清时曾以谴责小说和狎妓小说风光一时。寓居十里洋场的吴语小说家创作了《海上花列传》等作品，在艺术上不无可取之处，谴责小说和狎妓小说后来演变为黑幕小说和鸳鸯蝴蝶派，败坏了上海文学的名声。

鸳鸯蝴蝶派亦名礼拜六派，重要作家有徐枕亚、李涵秋、包天笑、周瘦鹃、张恨水等，较好的作品有《玉梨魂》、《广陵潮》、《江湖奇侠传》、《啼笑姻缘》等。鸳鸯蝴蝶派的作品根据内容可分为社会、黑幕、娼门、哀情、言情、家庭、武侠、神怪、军事、侦探、滑稽、历史、宫闱等类。大多数作品为作家向壁虚构，情节雷同，以满足读者的阅读趣味为指归，缺乏严肃的思想意义，手法上也未出旧小说樊篱，相当一部分是为稻粱谋的粗制滥造，人们从来没有把它视做值得注意的文学流派。被称为海派文学代表作家的是张资平、叶灵凤、章克标、刘呐鸥、穆时英、施蛰存、黑婴、徐訏、张爱玲等人。

穆时英（1912~1940），浙江慈溪人，少年时随银行家的父亲到上海读书，毕业于光华大学中文系。1930年创作《咱们的世界》，经施蛰存推荐发表于《小说月报》，由此成名。1932年起，开始写作新感觉主义的小说，与刘呐鸥等形成中国新感觉派，成为中坚。结集出版的小说集有《交流》、《南北极》、《公墓》、《白金的女体塑像》、《圣处女的感情》。

刘呐鸥（1900~1939），台湾台南人，在日本长大。1925 年回国，入震旦大学法文特别班，翻译过日本新感觉派小说，同时开始创作中国式新感觉派小说，结集出版的有《都市风景线》。

施蛰存，浙江杭州人，幼时住苏州，后举家迁往上海松江，成名作《鸠摩罗什》发表后，尝试用弗洛伊德精神分析学说，创作心理小说，代表作有《上元灯》、《梅雨之夕》。是中国接受现代派影响的重要代表。

张爱玲，河北丰润人，祖父张佩纶为清代名臣，祖母为李鸿章之女。生于上海，母亲出身名门，崇尚西方文化。1943 年发表处女作《沉香屑，第一炉香》，接着发表《倾城之恋》、《金锁记》等。结集出版的小说集有《传奇》、《流言》，4 卷本《张爱玲文集》。是 20 世纪 40 年代海派小说的主要代表。

这些海派作家的创作手法深受西方文学的影响，与中国古典小说的联系较少。张爱玲虽然对中国古典小说有很深的修养，但西方文学对她的影响更大。内容上，世俗生活和市民在都市文明中经受的痛苦和烦恼、矛盾和冲突是海派作家表达的主要内容，作者对日常衣、食、住、行和性爱持肯定的态度。海派小说是都市文明的产物，具有广泛的读者群。

上海是中国的戏剧大舞台，演出场所不少，地方剧种最多。早期的戏剧演出在茶园里进行，著名的有丹桂、金桂轩、三雅园、富春、天仙茶园。19 世纪末，旧式戏院逐渐被新式舞台淘汰，出现了新舞台、共舞台、天蟾舞台、大舞台、丹桂第一台、大新舞台等新式戏剧演出场所。至 1929 年，上海有地方戏院 20 家。1936 年 7 月，一记者经过调查后报道，上海有以社会底层市民为对象的小戏院 60 余家。1946 年，上海各类戏剧演出场所 113 家，计书场 39 家，越剧 33 家，淮扬剧 13 家，沪剧 11 家，京剧 6 家。

上海戏剧舞台的繁荣得益于多方面因素。上海是典型的移民城市，市民多方面的地缘构成，客观上刺激了地方剧种的繁荣。值得指出的是，上海市民在有多种戏剧品种可供选择的文化环境里，养成了广采博览的欣赏习惯，反过来又促进了地方戏演出市场的繁荣。在以江浙两省为主要构成的市民中，来自南陲的粤剧和北方的大鼓、河南坠子、蹦蹦戏都受到过各地市民异乎寻常的欢迎。例如，蹦蹦戏著名演员白肃霜、鼓书艺人小黑姑娘、河南坠子演员刘月霞等都倾倒过无数上海市民。

频繁的演出和热情的戏剧观众，使上海成为中国戏剧趋向成熟的土壤。一些地方戏在上海逐渐发展成为有影响的剧种。越剧原名"的笃班"、"绍兴大班"，在上海不断的演出中，经过演员的努力，终于成为全国有影响的重要剧种。19 世纪京剧就频频在上海茶园演出，到 20 世纪二三十年代，滋生出不同于北派风格的南派京剧或海派京剧，大大丰富了祖国的戏剧艺术。上海的戏剧舞台和艺术吸纳百川，形成了鲜明的海派风格，概而言之，就是处处为观众着想，尽最大可能满足观众的欣赏要求。例如特别看重舞台布景，往往不惜重金，制作道具布景。

海派京剧在北派京剧大本营也受到一片喝彩。
1922 年 10 月 10 日《晶报》的一篇报道指出："降至
今日，江湖海派盛行都下，中和园演《红鬃烈马》，座
无隙地。华乐园演《七擒孟获》，人满为患。二戏在沪
上已属过时，而都下人士见所未见，方在惊奇诧异。
今则在庆园科班复排《诸葛招亲》。将来营业之盛，可
操胜券，乃知今日都下群为沪风所趋。"

上海是中国电影的诞生地，在中国电影史上有着
独一无二的地位。

早在 1896 年 8 月，上海徐园就开始放映西洋电
影，一直持续了数年。1897 年 7 月，美国电影放映商
雍松来到上海，在天华、奇园、同庆茶园等处放映电
影。1908 年，西班牙商人在虹口搭造了一座可容 250
人的虹口大戏院。这是上海第一座正式电影院。后来，
雷玛斯又在海宁路北四川路修建了维多利亚影戏院，
还开设了夏令配克、恩派亚、卡德、万国等影戏院，
组织了雷玛斯游艺公司，成为当时中国最大的连锁放
映机构。

在经营放映外国电影获得可观利润后，外国商人
又开始在中国摄制影片。1907 年，意大利侨民劳罗来
到中国，次年 3 月，在上海拍摄了《上海第一辆电车
行驶》、《上海租界各处风景》等新闻短片。1909 年，
美国电影商投资经营的亚细亚影戏公司成立，因经营
不善于 1912 年将公司的名义及器材转让给上海南洋人
寿保险公司经理依什尔和另一位美国人。两人接办后
聘美化洋行广告部买办张石川为公司顾问，张石川邀

好友郑正秋等人组织新民公司，承包了亚细亚影戏公司的编、导、演、摄工作。亚细亚影戏公司出品的第一部影片是郑正秋编、导的无声短片《难夫难妻》，影片讽刺封建婚姻，有一定的进步性。这是中国自己摄制的第一部故事片。

亚细亚以后，中国筹资建立的影片公司逐渐增多，较重要的有张石川的仙幻公司、商务印书馆的活动影戏部，张謇、朱庆澜等人筹资设立的中国影片制造股份有限公司、中国影戏研究社、上海影戏公司、新民影片公司等，这些公司摄制了不少影片，质量大多不高。其中商务印书馆活动影戏部摄制的由梅兰芳主演的京剧戏曲片《春香闹学》、《天女散花》，受到观众的欢迎。中国影戏研究社摄制的《阎瑞生》是中国第一部长故事片，以 1920 年轰动上海的洋行买办阎瑞生图财害命勒毙妓女王莲英案件为题材，在夏令配克上映后，一个星期赢利 4000 余元。

上海电影事业到二三十年代，进入一个全盛时期。据统计，1925 年前后，在上海、北京、天津、镇江、无锡、杭州、广州、香港等地共开设 175 家电影公司，仅上海一地就有 141 家。这一时期较为重要的电影公司有明星影片公司、大中华百合影片公司、天一影片公司、长城画片公司、神州影片公司和田汉的南国影剧社、联华影片公司。它们受到过不同的思想影响，表现出不同的倾向。比较引人注目的是郑正秋为明星公司拍摄的几部描写中国妇女悲惨命运的影片《玉梨魂》、《最后之良心》、《上海一妇人》、《盲孤女》等。

中国电影事业的发展，以及它的独特审美功能吸引了一大批左翼和进步文化人士。30年代开始，中国共产党提出了向电影进军的行动纲领，建立了电影小组。党组织广泛团结各电影公司的进步力量，使中国的电影创作出现了全新的面目。1932年夏，夏衍等人根据党的指示受聘于明星影片公司担任编剧，不久公司又成立了由左翼文艺工作者夏衍、郑伯奇、阿英、郑正秋、洪深等人组成的编剧委员会。明星以外，联华、艺华、天一及各小公司也在左翼电影运动的影响下，各自拍摄了一批由田汉等左翼作家编写的电影剧作。1934年，在党的直接领导之下，建立了电通公司。夏衍先后编创的影片有《狂流》、《春蚕》等。田汉的作品有《三个摩登女性》等。郑正秋拍摄了《姊妹花》。蔡楚生拍摄了暴露社会黑暗的《都市的早晨》、《渔光曲》、《新女性》。费穆导演了《城市之夜》、《一生》等。

上海是中国近代绘画艺术革新的发源地之一。晚清诞生了海上画派，大画家赵之谦、任伯年、虚谷、吴昌硕开创了一代新画风，影响了整个中国画坛。近代上海又是西洋绘画艺术传入中国的窗口，1875年11月在上海创刊的杂志《小孩月报》发表了署名"山英居士"的文章，以浅近白话文系统介绍透视学、色彩学、构图法等。1884年5月创刊的《点石斋画报》所刊载的4000多幅图画，采用了西画的透视与构图方法。1852年上海徐家汇天主堂内附设的"土山湾画馆"，以培训宗教画人才为宗旨，教师全由外国传教士担任，徐悲鸿称其为西画的"根据地之一"，"土山湾（画馆）……盖中国西洋画之摇篮也"。辛亥革命后至30年代，上海的美术教育事业获得相当的发展，上海图画美术院、上海美术专科学校等相继创立，徐悲鸿等现代中国绘画大师曾在这里求学，步入艺术的殿堂。这些学校和西画美术团体聚集了一大批声名显赫的艺术家。

1911年冬，以刘海粟为首，联合乌始光、汪亚尘、丁悚等人创办上海图画美术院，这是中国现代美术教育史上第一所正规的美术专门学校。学校开办时，曾宣布了三条宗旨，第一条就是："发展东方固有的艺术，研究西方艺术的蕴奥。"最初只设绘画科，招正科、选科两个班。1914年改绘画科为西洋画科。1920年1月，更校名为"上海美术专科学校"，设立6科：中国画科、西洋画科、工艺图案科、雕塑科、高等师范科、初级师范科。4月出版《美术》月刊，经常介绍译述欧洲的艺术理论，介绍重要的美术流派。

上海图画美术院开办后，因肆力学习、探索西洋绘画艺术，遭受了许多非议甚至攻击。早在1914年3月，学校即采用人体模特儿写生。当时国内尚无先例，无人愿意应聘，不得已找了个15岁的儿童。1920年7月，该校似采用女模特儿，雇了一俄国女子。1924年上海美专毕业生饶桂举在南昌举行画展，陈列了人体习作，江西警厅闻讯勒令禁展。禁令称刘海粟为"画妖"。刘海粟在上海也遭到封建守旧势力的围剿，一位名叫姜怀素的市议员在向当局的呈文中，对刘海粟进行肆无忌惮的人身攻击。为捍卫真理，刘海粟公开发表了一系列文章，进行了有力的批驳。但刘海粟的反击遭到了更加严厉的迫害，军阀孙传芳下令通缉，密电上海交涉员与领事团交涉封闭上海美专和拘拿刘海粟。孙传芳的要求虽被法国驻沪领事拒绝，但对刘海粟的迫害并没有停止。上海县县长危道丰因模特儿事件与刘海粟结怨甚深，向法院控告刘海粟有侮辱长官、毁谤名誉言论，要求赔偿损失。法院判决刘海粟罚洋50元。至此，这场围绕模特儿的风波才告平息。

6 鲁迅和左翼文化运动

南京政府上台后，在发动对中央苏区的反革命武装"围剿"的同时，还发动了反革命文化"围剿"。他们利用手中掌握的新闻、出版审查大权，竭力扼杀革命文化，阻禁无产阶级革命学说的宣扬和传播。为了粉碎敌人的阴谋，配合军事斗争，扩大无产阶级思想文化的影响，中共中央加强了对白区左翼文化运动的领导。

当时的上海，聚集着不少革命文化人，他们中间不少人都是共产党员，大多数人刚从广东、两湖的战场上退下来，经受过实际革命的磨炼。虽然大革命失败了，但他们决心以笔作枪，开创无产阶级文学事业，以此来继续革命。1928年初，创造社和太阳社的一些革命青年作家提出了"无产阶级革命文学"的口号。这本身是正确的，但他们对中国革命形势的分析是错误的。他们认为革命的潮流已到了极高涨的时代，因而革命的性质已经不是单纯的民族或民权革命了。鲁迅先生对此有不同看法，提出了批评。这些青年作家不能正确对待批评，双方围绕"无产阶级革命文学"的口号，展开了争论，历时一年。

1929 年底，中共中央宣传部派潘汉年向冯乃超等人传达了中央关于停止争论、团结并尊重鲁迅先生、成立以鲁迅先生为旗手的中国左翼作家联盟的指示。经过紧张的筹备，1930 年 3 月 2 日，中国左翼作家联盟（简称"左联"）成立。参加发起的作家有鲁迅、郭沫若、茅盾、沈端先（夏衍）、阿英、蒋光慈、冯乃超、李初梨、田汉、郁夫达、洪灵菲、柔石等 50 余人。先后担任党团书记的有潘汉年、冯乃超、阳翰笙、阿英、冯雪峰、周扬、丁玲。左联成立后不久，左翼社会科学家联盟成立，简称"社联"，主要负责人为杜国庠、彭康、李一氓等人。相继成立的左翼文化团体还有左翼剧团联盟（后改为中国左翼戏剧家联盟，简称"剧联"）、中国美术家联盟（简称"美联"），以及党领导的音乐小组、电影小组。为加强联络，发挥协同作战的力量，又成立了左翼文化总同盟，简称"文总"。文总受中共中央文化工作委员会（简称"文委"）的直接领导。

左联等组织成立之初，由于受左倾路线的影响，把不少时间和精力放在从事实际的革命活动上，组织罢工、罢市斗争，文化活动开展得很少。所办刊物因不注意策略，出版后很快被封。瞿秋白同志担任文委领导工作后，对纠正"左"倾错误，扩大统一战线，打开工作局面，起了积极的作用。根据瞿秋白的指示，左联成员设法挤进资产阶级甚至国民党所办的报刊阵地，如《申报》、《东方杂志》等，发表文章，既保护了自己，又扩大了影响。

左翼作家有着强烈的批判精神。早在左联成立之前，他们就针对新月派的文学主张展开过批评。左联成立之后，又先后与民族主义文学派、"自由人"、"第三种人"的文学主张以及"论语派"进行了斗争。在这些斗争中，鲁迅充分发挥了他作为无产阶级文学旗手的作用。在《"硬译"与文学的阶级性》中，鲁迅深刻揭露了新月派成员梁实秋"人性论"的虚伪性，阐明了文学的阶级性。《"民族主义文学"的任务和运命》一文则一针见血揭示了"民族主义文学"为蒋介石的投降主义辩护，为日本帝国主义侵略中国鸣锣开道的实质。针对"自由人"、"第三种人"的文学主张，鲁迅撰写了《论"第三种人"》、《再论"第三种人"》。在《论语一年》、《小品文的危机》等文中，鲁迅以犀利的笔锋，戳穿了"论语派"提倡帮闲文学的本质，指出，所谓帮闲，实际上是充当统治者的帮凶。参加文学观论战的还有瞿秋白、周扬、冯雪峰等人。他们对清算新月派、民族主义文学派等错误文艺观的影响，也各自作出了重要贡献。通过左翼作家对各种资产阶级文学主张的批判，马克思主义文艺理论得到了进一步的传播。左翼作家自身的理论修养也在批判中有了很大提高。但是光有批判是远远不够的。无产阶级文学要真正长成，必须有大量优秀作品的产生。由于环境险恶，许多左翼作家很难安下心来进行创作，但仍有一些左翼作家在艰难条件下，创作了优秀作品，如鲁迅的杂文集《二心集》、《南腔北调集》等，茅盾的长篇小说《子夜》，丁玲、张天翼、叶紫、沙汀、艾芜等人的短篇小说。左联领导人对电影的宣传教育作用特别重视，夏衍、田汉、阳翰笙等人深入电影业，团结进步电影工作者，制作了一批有影响的电影作品，如《渔光曲》、《桃李劫》、《风云儿女》等。这些作品在打击中外反动势力，鼓舞和唤醒人民大众奋起斗争方面，起了巨大的作用。

左翼社会科学家联盟在左翼文化运动中具有重要的地位。社会科学家的理论文章虽然不如一首歌、一部电影、一本小说的影响那么大，但它的认识价值是不可替代的。自 30 年代初期开始，围绕中国社会的性质、社会史和中国农村性质，马克思主义和托派分子之间展开了激烈的论争。1930 年上半年，社联的机关刊物《新思潮》发表了一系列文章，阐明了中国共产党关于中国社会性质和民主革命的思想。托派分子却认为帝国主义侵华破坏了封建势力，认定中国目前是资本主义社会，其实质是反对中国共产党制定的反帝反封建的民主革命纲领。社联的成员就此撰写了许多文章予以批判。这场关于中国社会性质的论战从 1930 年上半年开始，持续到 1934 年上半年，前后达 4 年之久。

关于中国社会史的论战，在中国社会性质的争论之后进行。双方争论的核心问题是中国是否经过奴隶社会阶段，马克思关于社会发展的学说是否适用于中国。郭沫若、吕振羽等利用古文物和古文献，提出中国有奴隶社会的阶段。这场论战还涉及鸦片战争前中国社会性质问题。托派分子关于这一时期是商业资本主义社会的论点遭到批驳。这样，新民主主义革命的理论就得到了维护。

关于中国农村的性质争论始于 1933 年，马克思主义经济学家钱俊瑞等用马克思主义理论分析中国农村，批判了托派分子提出的中国农村中资本主义生产关系已发达到很高程度的论点，指出在农村占优势的是半封建经济。

总之，社联成员的活动，很好地阐明了中国共产党关于中国社会性质的观点，捍卫了党的民主革命纲领。

7 "一·二八"淞沪抗战

1931 年，日本发动"九一八"事变，侵占中国东北三省。随后，又处心积虑，扩大战争，企图实现其独霸中国的野心。

1932 年 1 月，在日本当局的策划下，日本特务和浪人不断在上海制造事端，为发动侵略战争寻找借口。18 日，5 名日僧到马玉山路（今双阳路）三友实业社棉织厂附近肆意挑衅，遭到工人反击，日僧一死二伤。日本领事以此为借口，向上海市政府提出抗议。20 日，数十名日本浪人到三友实业社棉织厂两次纵火，还袭击附近警察岗亭，砍死华捕 1 名，砍伤 2 名。下午，上海日侨数千人举行集会，决议请日本政府尽快派遣军队来沪，保护侨民，扑灭抗日运动。日领正式向上海市政府提出道歉、惩凶、赔偿、取缔抗日运动等五项主张。与此同时，日本军舰和陆战队加紧向上海调遣。26 日，日本海军最高会议作出进攻上海的决定。27 日，日驻沪总领事村井向上海市政府发出最后通牒，限于 28 日下午 6 时就日方五项要求作出明确答复。

28 日，在沪日军已集中军舰 38 艘，其中包括航空母舰（"能登吕"号）1 艘，飞机 40 余架，铁甲车数十辆，海军陆战队 1800 余人，武装浪人 3000 多名。尽管上海市政府已于当天下午 1 时 45 分表示接受日领五项要求，但已做好充分准备的日本政府仍然决定发动战争。11 时，日本海军陆战队集合。15 分钟后进入防区。11 时 20 分，日领突然向上海市政府递交声明，要求闸北中国军队后撤。10 分钟后，还未等中国政府就后撤一事作出部署，日军就在闸北向中国军队发起了进攻。

当时驻守上海的是第十九路军第七十八师的两个旅，在闸北只有第一一六旅第六团的千余人。11 时，该团刚按旅长翁照垣的命令进入阵地，日军就扑了上来。中国官兵沉着应战，与日军进行巷战，使日军损失惨重。29 日，日军向中国方面要求实行停火。十九路军因第六十、六十二师尚在苏州、镇江，也极需时间部署部队，同意 29 日晚 8 时起停火 3 日。2 月 2 日下午 2 时，得到大批增援兵力的日军撕毁停火协议，重新向闸北进攻，仍被击退。3 日攻，再败。4 日，日军发动第一次总攻，激战 3 日，伤亡惨重，闸北及吴淞仍牢牢掌握在中国军队手中。日军指挥官盐泽被撤职，改由第三舰队司令野村吉三郎中将指挥，海军陆战队改由植村钵磨指挥。

2 月 11 日，日军向闸北、蕴藻浜、曹家桥一带再次猛烈进攻，13 日晨，日军一部曾渡过蕴藻浜，占领纪家桥、朱江，被十九路军反攻夺回。

2 月 14 日，日军主帅再次易人，第九师团在上海登陆，兵力增加到 3 万。南京当局将第五军调遣来沪。这样，加上十九路军的参战部队，兵力达到 5 万人。日军主帅植田一面要求国内加紧增援，一面提出与中国军队直接谈判。在谈判中，日军代表狂妄要求中国军队后撤 20 公里，永不进驻上海，遭到断然拒绝。

20 日晨 7 时，日军向闸北、江湾、庙行等地发动第二次总攻。在飞机、大炮、坦克的掩护下，植田亲自指挥数千人向第五军八十八师庙行阵地猛攻，双方损失惨重。22 日，第五军军长张治中率教导总队前来增援，三十一师一部则从敌后侧发动攻击，日军溃败。是为著名的"庙行大捷"。此后数日，急于取得战果的日军频频向中国军队发动进攻，均一一被击败。

2 月 25 日，日军增派第十一、十四师团来沪，总兵力达到 57000 人，主帅又一次易人，由白川义则担任上海派遣军司令。

十九路军、第五军作战经月，伤亡约 8000 人，虽也补充了一些新兵，却未能得到中央军精锐的增援，力量对比逐渐对我不利。

3月1日，日军发动第三次总攻，其中第九师团、久留米师团向我军侧背迂回，在浏河七丫口登陆。十九路军总指挥蒋光鼐虽识破日军意图，却抽调不出足够兵力阻击日军。当第十一师团在浏河登陆的消息传来后，蒋光鼐下令全军后撤嘉定、黄渡第二道防线。"一·二八"淞沪抗战虽以我军后撤告结束，但此役充分显示了中国爱国官兵的顽强斗志。据统计，日军伤亡人数至少在 12000～13000 人之间。

2月下旬，为维护本国商人在上海的利益，英、美政府就中日停战进行斡旋。3月1日，中国军队主动后撤。在战场上未能得到多少便宜的日本政府接受英美的调停。双方政府代表进行停战谈判。5月5日，《淞沪停战协定》签字。协定的主要内容是：日军将在4周内撤出闸北、吴淞等地，但可驻扎在公共租界和越界筑路地段，并可暂时驻扎与上述地区毗连之地。中国军队不能进入日军撤出地区，中国政府可另派警察接管。

∞ "八一三" 抗战

1937年7月7日，驻扎北平城西南的日军向宛平发动进攻。继而又炮轰卢沟桥，卢沟桥事件爆发。随后，日军大量派兵增援华北，兵力达到10万人。29日，攻占北平，30日攻占天津，整个华北告危。与此同时，为从根本上消灭中国的抵抗力量，实现灭亡中国的野心，日军决定在沪宁一带挑起战争，迅速摧毁中国政治、经济中心。

南京政府对日本的意图早有察觉。自 1935 年起即在淞沪地区作了一些抗战准备，曾在吴县至福山、无锡至江阴间修筑了两条防线。在上海构筑了 300 多个堡垒、掩体。根据蒋介石的指令，张治中组织参谋人员，对京沪地区的兵力部署防线设施等进行研究，并建立"军校野营办事处"，在苏州留园设立办公地点，以就近应付突发事件。

7 月 24 日，驻沪日军陆战队借口一名日兵"失踪"，意欲挑起事端。三天后，中国方面在镇江附近救起这名跳水自杀的日军，将其送回日本领事馆，使日军阴谋未能得逞。8 月 9 日，日海军陆战队中尉大山勇夫与一日本士兵不顾中国卫兵的鸣枪警告，驾车直冲虹桥机场，窥探军情，被击毙。日本以此为借口，决意挑起第二次淞沪战争。当天晚上，日军已做好战斗准备，拟于 10 日从闸北进攻上海。应各国驻沪领事的要求，日本同意进攻推迟 48 小时，让各国侨民进入租界。11 日，日本增派 16 艘军舰抵沪，数千名日军在淞沪登陆。日本内阁当天还决定加派部队增援上海驻军。

南京政府在此期间也加紧进行军事调动。8 月 7 日，南京政府命令第八十七、八十八师在苏州、无锡一带集结。11 日，张治中率这两个师向淞沪挺进，驻松江、吴县的独立第二十旅，驻蚌埠的第五十八师，驻西安、汉口的第三十六、九十八师火速赶回上海。

海军在长江江阴江面沉船43艘（其中军舰12艘），组成江阴要塞。12日，第八十八师、八十九师、保安总团、上海保安团进驻上海完成布防。当时在沪日军作战兵力只有14000余人，中国军队为3个师1个旅，约4万人以上，占有一定优势。京沪警备司令第九集团军司令陆军上将张治中拟13日开始总攻，以在战略上争取主动。但南京政府接受英、美政府的干涉，命令部队不得进攻。

8月13日上午9时，一支日军便衣队向上海保安团开火挑衅。下午4时，日军向八字桥、江湾路、宝山路、天通庵路等地中国守军发起进攻，"八一三"事变爆发。

14日凌晨，中国军队向虹口日军发动全面进攻，先后占领沪江大学、持志大学、五洲公墓、丰田纱厂等日军据点。虹口的日海军司令部是进攻的重点。鉴于司令部楼墙厚实坚固，按原计划，将由空军协同陆军作战，先由空军进行轰炸，然后陆军进攻。但当天中国空军与日本木更津航空队在杭州笕桥机场上空发生空战，只派了少数飞机前往上海，未能对日军构成威胁。陆军官兵虽英勇奋战，发动多次进攻，由于缺乏重武器，未能奏效。随着时间的流逝，中国军队的优势逐渐丧失，不得不调整部署，加紧进攻汇山码头。汇山码头在黄浦江下游，是日海军陆战队登陆的桥头堡。三十六师自18日开始，以坦克开道，不顾一切伤亡，发动进攻，21日曾接近码头。日本守军拼命顽抗，300名中国官兵全部牺牲。攻战汇山码头的计划受挫。

19 日，国民党军委会任命陈诚为淞沪前线总司令，20 日，将全国划分为五大战区，调遣总兵力 19 个师 6 个旅。日本也调整部署，以第三、十一师团组成上海派遣军，以陆军大将松井石根为司令，火速增援上海日军。

8 月 22 日，上海派遣军到达吴淞口，在飞机、大炮的掩护下实施登陆。陈诚率第十五集团军进行狙击。中日军队的作战重点转移到黄浦江下游月浦、罗店、吴淞、宝山一带。23 日，日军在罗店登陆。为夺回罗店，第十五集团军与日军第十一师团在罗店进行激战。10 天内，中国军队伤亡 5000 人，日军伤亡也达 3000 人。中国军队因火力不如日军，未能夺回罗店。日军在占领罗店后，以 2000 兵力包围宝山城。守卫宝山的中国军队第九十八师姚子青营誓与阵地共存亡。敌以 20 架飞机、100 门大炮对宝山城狂轰滥炸。姚子青营 500 余官兵全部阵亡，宝山陷入敌手。此后，双方交战重点移到浏河、庙行、江湾一带，中国军队进入防御阶段。9 月底至 10 月初，日本又从国内抽调 5 个大队，从华北抽出 5 个师团以上的兵力增援上海，使在沪日军兵力达到 20 万以上，还有 300 门大炮、50 余艘军舰、200 辆坦克、300 架飞机助战。中国军队也大批调集来沪，兵力达到 70 万，蒋介石亲自兼任第三战区长官。淞沪军队编为 3 个作战军：右翼作战军，张发奎任总指挥，负责浦东防卫；中央作战军，张治中任总指挥，负责淞沪市区及近郊防卫；左翼作战军，陈诚任总指挥，负责浏河至罗店一带防卫。此后，日军将攻击重点放在中国左翼军。9月30日，第十五、五十五、七十七师阵地被日军突破。次日，左翼作战军退守蕰藻浜南岸陈家行、广福、浏河一带。

10月21日，中国军队在副参谋总长白崇禧的指挥下，实施反击，取得一定进展，23日又被击退，粤军3个师几乎全军覆没。日军趁机反击，大场失守，闸北中国守军面临被包围的威胁。次日中国军队退守苏州河以南，江桥至南翔一线，仅留八十八师一个营300余人，由团副谢晋元率领在闸北坚持作战。

日军以20万兵力，久攻不下，不得不再次增援，派遣由4个师团组成的第八次援军赴沪，以其中的3个师团编为第十军，于11月5日在杭州湾金山卫登陆，另一个师团在白茆口登陆，企图对上海形成东西夹击。与此同时，北线日军猛攻南翔，几十万中国军队有被围困在上海的危机。11月9日，日军攻占松江。蒋介石不得不命令全线后撤。11月12日，上海沦陷。

"八一三"淞沪抗战虽然失败了，但它打破了日本3个月灭亡中国的狂言。在3个月的抗战中，中国军队英勇顽强，迫使日军付出了沉重的代价，大大鼓舞了全国军民的抗日信心，也为部分工厂内迁赢得了宝贵的时间。

⑨　抗日救亡运动

"一·二八"和"八一三"抗战期间，面对凶恶的敌寇，上海各界充分动员起来，有力出力，有钱出钱，以空前高涨的爱国热情，不怕牺牲的精神，投入到民族救亡的洪流中去，展示了中华民族不畏强暴，誓与敌虏血战到底的民族精神。

"一·二八"抗战时期，上海各界纷纷组织慰问队、救护队，上前线慰问十九路军官兵，救护伤病员，还纷纷捐款献物，给参战官兵以极大的鼓舞。战争结束后，日本帝国主义加紧向华北进逼。1935年六七月间，攫取了河北、察哈尔两省的大部分主权，民族危机空前加深，一场空前的救亡运动，在上海兴起。

1935年12月9日，北平爆发"一二·九"爱国学生运动。在学生爱国行动的鼓舞下，12月12日，由283名文化界著名人士签名的《上海文化界救国运动宣言》正式发表。宣言向全国人民宣告，面临民族存亡的紧急关头，文化界绝不会苟且偷安，将领导民众进行救国运动。上海各大中学校此后数日纷纷组织大规模的请愿游行，要求政府取消华北自治组织，释放北平爱国学生，保全国家领土和主权的完整。以后，上海学生还组织北上请愿团，向南京政府请愿。请愿团发表的《敬告同胞书》指出，在此国家处于危亡之秋，唯有抵抗暴日，方可救国，对南京政府的对日妥协政策表示了强烈的抗议。12月27日，在沪的教育、出版、电影、戏剧、法律界等300多名爱国人士成立"上海文化界救国会"，发表第二次文化界救国运动宣言。除仍坚持第一次宣言中的8项主张外，还提出建立民族统一战线，停止一切内战，一致对外。除文化界外，各界都成立了救亡组织。12月21日，上海中华妇女同盟会、妇女生活社、妇女园地等社团成立了"上海妇女界救国联合会"。1936年1月起，上海小学教职工救国联合会、上海各大学教授救国会、上海电影界救国会相继成立。1月28日，上海各界举行"一·二八"抗战4周年纪念大会。会后，文化界救国会、妇女界救国会、大学教授救国会和大中学校学生救国会等团体联合发起组织"上海各界救国联合会"，推宋庆龄、何香凝、沈钧儒、马相伯等30人为理事。受日益加深的民族危机的刺激和上海救亡组织大量涌现的影响，北平、南京、武汉、天津等地的救国会先后建立。1936年5月29日，全国各界救国联合会在上海成立。联合会的宣言指出，成立联合会的目的是建立一个全国统一的联合救国阵线。对救国会反对对日妥协，要求政府放弃内战，共赴国难的救亡活动，南京政府极为恼火，一直寻机加以镇压。1936年11月22日深夜，南京政府在上海逮捕救国会7位领导人：沈钧儒、章乃器、李公朴、王造时、史良、沙千里、邹韬奋，造成震惊中外的"七君子"事件。南京政府本想通过此举压制抗日救亡运动，未料反遭全国人民的一致谴责。营救"七君子"，以及救亡运动以更大的规模在上海和全国各地掀起。蒋介石攘外安内的政策，更加不得人心。12月12日，西安事变爆发，张学良、杨虎城两位爱国将领扣留蒋介石。在中国共产党的调解下，蒋介石被逼同意联共抗战，全国性的抗日民族统一战线逐渐形成。

1937年"八一三"事变爆发，上海出现了抗日救亡运动新高潮。中共中央先后派刘晓、刘长胜等来上海恢复和重建党的组织。为公开合法地领导群众救亡运动，中共决定将各个救国会改为救亡协会，以团体会员名义参加由杜月笙、潘公展等人担任领导的"上海市各界抗敌后援会"。此后，文化界、职业界、工界、学生界、教育界救国会，相继改组为上海文化界救亡协会、上海职业界救亡协会、上海工人救亡协会、上海学生界救亡协会、上海教育界救亡协会。文协的团体会员有 73 个，其中较重要的有上海戏剧界救亡协会、上海漫画界救亡协会等。戏剧界救亡协会先后成立 13 个救亡演出队，到本市和全国各地进行抗战宣传演出。文协主办的《救亡》三日刊和《救亡日报》，也深受群众喜爱。上海工人救亡协会由中共党员金子明领导。在工协的领导下，许多工人离开日资企业，有的参加战地服务，奔赴前线。也有的直接参加抵抗活动。吴家库保卫战中，有一支工人组成的别动队参加战斗，其中 2/3 的人献出了生命。

上海妇女界始终是救亡运动的重要力量，"八一三"事变爆发后，妇女界成立家庭妇女战时服务团、上海妇女国防会、上海女子同盟会、上海女青年救亡协会、舞女救亡协会等几十个救亡团体，从事救护、交通、缝纫、洗涤、募捐等工作。有的还到军中宣传抗日。

八　不沉的孤岛

——沦陷时期

上海沦陷

"八一三"抗战结束，国民党军队西撤后，日本军队进入上海。他们在华界到处设立关卡、岗哨，随意对华人进行搜身检查，行人稍有不慎，就会挨打。日本军队占领地完全成了鬼蜮世界。

以华治华，是日本对占领区的基本政策。日军进入上海后，即网罗汉奸，拼凑伪政权，作为自己统治占领区的傀儡。1937年11月，国民党军队刚刚西撤，日军就扶植一些汉奸在南京、浦东等地成立自治会。12月5日，大道市政府在浦东成立，汉奸苏锡文出任市长。大道市政府上台后所做的第一件事，就是大量征税，为日军进行搜刮，还在全市10个地区建立警察局，协助日军清查户口。

1937年12月，在日军的策动下，上海部分绅商筹建上海市民协会，准备在租界内建立伪政权。后因协会成员之一陆伯鸿被潜伏在租界的国民党军统组织击毙，该协会随之流产。

1937 年 12 月，日本内阁决定在适当时间在上海建立华中临时政府，以与北京的伪政权中华民国临时政府相呼应。上海日军先是由华中派遣军司令松井石根亲自向寓居上海的民国政要唐绍仪进行拉拢游说。后又成立臼田机关，对梁鸿志、温宗尧、陈群等人做工作。1938 年 3 月 20 日，由梁、温、陈分任伪行政、立法、司法院院长的伪中华民国维新政府在南京成立，在上海虹口新亚酒店设立事务所。伪维新政府成立后，上海大道市政府改为市政督办公署。10 月 24 日，取消督办公署，成立上海特别市政府，傅筱庵任伪市长。

1938 年 12 月，抗战进入艰难的相持阶段。国民党内的投降派蠢蠢欲动，加紧叛国投敌活动。汪精卫自抗战爆发以来，一直主张对日妥协。日本方面也视其为除蒋介石外最重要的招降对象。双方的代表在上海曾多次会谈，就汪的投敌条件进行磋商。11 月 12 日，汪的代表高宗武与日方代表影佐祯昭在上海正式会谈。20 日签订了《日华协议纪录》及《日华协议纪录谅解事项》，规定中日缔结防共条约，中国承认日军防共驻扎，承认“满洲国”等。18 日，汪精卫、陈璧君逃至昆明，次日逃到河内。22 日，日相近卫发表诱降声明。29 日，汪精卫发表“艳电”，表示响应。1939 年 5 月底，汪精卫、周佛海等访问日本，伪政府头目的地位得到主子的确认。从日本回来后，汪精卫加紧进行成立伪政权的准备工作。日本方面也在上海成立直属政府的“梅相关”，直接过问此事。

8 月 28 日，汪精卫集团打着国民党的旗号在上海召开伪国民党第六次代表大会，通过《党务决议案》，废除总裁制，实行中执委主席制，由汪精卫任主席。

1939 年 11 月，汪日代表就伪政权的建立进行会谈，签订了日汪密约《日华新关系调整要纲》及《秘密谅解事项》。其主要内容是东北割让给日本，华北、长江下游及华南岛屿由日军长期占领等。

1940 年 3 月 30 日，伪国民政府在南京出笼，汪精卫任代理主席兼行政院长。伪政权成立后，着手设立各级地方组织，日方提出保留傅筱庵伪上海特别市政府的自治地位，伪政权未予同意，但答应在上海特别市政府中聘用日方人员，并与日方密切合作。

大道市政府和上海特别市政府建立后，在日本主子的撑腰和指使下，在上海地区实行了血腥统治。监狱中关满了抗日志士，鞭笞声日夜不断。伪政权还建立特工队伍，作为重要统治工具。1938 年秋，原国民党株萍铁路特别党部（中统）特务室主任李士群到达上海，投降日军，为日军从事情报活动。后又从云南请来李原来的顶头上司，曾任国民党中统局第三处处长的丁默邨。丁、李合伙后，又把国民党潜伏在上海的军统、中统人员大批拉拢过去。1939 年 2 月，日本大本营下达《援助丁默邨一派特务工作的训令》，确定对丁、李的特务工作予以全力支持。1939 年春，土肥原的助手晴气庆胤亲自为丁、李的特务机关选定地点，这就是极司菲尔路 76 号（今万航渡路 435 号）原军事参议院院长陈调元的住宅。从此，"七十六号"便成为关押、拷打、屠杀抗日志士的魔窟。

2 日本的租界政策

"八一三"淞沪抗战结束后，日军占领了上海除租界以外的地区，公共租界（不包括苏州河北岸的虹口）和法租界因英、美、法国在战争中保持中立，未被占领，国民党的金融、海关、法院仍在租界内办公，宣传抗日的报纸照常出版，与租界之外的日军占领区形成完全不同的局面，人们把这一日军未占领地区称为"孤岛"，范围东至黄浦江，西达法华路（今新华路）、大西路（今延安西路），南起民国路（今人民路），北至苏州河。

日军虽暂时没有占领租界，但始终虎视眈眈，觊觎着这一块地区。1937 年 11 月 27 日，日本首相近卫文麿声称，必要时，将以武力解决公共租界问题。华中派遣军司令也发表谈话，必要时可对租界采取任何行动。与此同时，日军也一再采取实际步骤，试图把英、美势力逐出上海。如 12 月 3 日，5000 名日军全副武装，列队通过公共租界。4 日，5 卡车武装日军又在法租界游行示威。日军不断对英、美侨进行挑衅，工部局的英、美籍公务员遭到日军的侮辱、毒打。工部局总裁费利浦甚至遭到日伪特务袭击，险些丧命。日军还通过施加压力，不断扩大在工部局、公董局的权力地位，以掌握租界的警权和行政权。

1941 年 12 月 8 日，日军偷袭珍珠港，向英、美宣战，太平洋战争爆发。是日凌晨，日军进攻在沪英、美军舰。上午 10 时，日军进入租界，在街上张贴"上海方面大日本陆海军最高指挥官"布告，称日军进入租界是为了维护租界治安。但至中午 12 时，日军又全部撤出。日军宣布，日军须经军方许可，方可进入租界，华人可自由通行。日军方召见银行、钱庄业负责人，要求马上复业。各报也接到通知，照常出版。工厂、商店、娱乐场所照常营业。工部局也接到日军命令："维持原状"。

从迅速进入、占领，到"维持原状"，日军的租界政策出现了微妙的变化。这种变化的背景是，纳粹德国所起的作用。当时法国维希政府已成为德国的盟国，维希政府是傀儡，纳粹德国理所当然把法租界视为囊中之物。此外，公共租界如能维持原状，作为日本的盟国，纳粹德国也能参与公共租界的管理，分享权力。日本高层也看到，维持上海"国际大都会"的形象，保持它在远东经济、贸易、金融中心的地位，对扩大侵略战争只有好处。但"维持原状"只是个幌子，工部局早已成为听命于日军的工具。工部局总董李德尔等被迫辞职，总办兼总裁费利浦自动退休。1942 年 6 月，万国商团被解散，工部局的大权完全掌握在日籍总董冈崎胜男和首席副总监渡正边的手里。公共租界已名存实亡。

太平洋战争开始后，中、英、美结成盟国，为坚定中国政府和人民的抗战决心，减轻日军对自己的压力，英、美于 1942 年 10 月宣布放弃在华特权，包括放弃治外法权、交还租界等。1943 年 1 月 11 日，英、美分别与中国政府签订了新约。

日本政府于 1942 年 2 月声明将广州、天津的租界行政权交还给汪伪政府，但对上海租界，却紧抓不放。英、美的声明，对日本无疑是个压力，为加强汪伪政权的地位，欺骗国际舆论，日本也玩了一个交还租界的花招，于 1943 年 1 月 9 日与汪伪签订《共同宣言》和《交还租界撤废治外法权协定书》。6 月 30 日，汪伪外交部长褚民谊与日本"大使"谷正之签订《关于实施收回上海公共界租之条款及了解事项》。

但上海实际上已成为日本的殖民地，"维持原状"也好，"交还租界"也好，仅仅是一种欺骗宣传，并不能改变事实真相。

ℰ 疯狂的劫掠

日军占领上海后，对上海的民族经济进行了疯狂的掠夺，其方法有"军管理"、"中日合办"、"租赁"、"收买"、统制等方式。

所谓"军管理"，即由日本军方委托日商对华商企业进行"管理"，企业资金都由华商提供。1938 年 11 月，日本在上海成立"华中振兴会社"，提出会社由"中日合办"，华商投资 51%，日商投资 49%，在"华中振兴会社"下成立 16 个小公司，分别包括煤、铁、盐、电、铁路、航运、地产、缫丝、海产、烟草等企业。中日合办只是个幌子，华商虽然投资 51%，实际上企业大权全部操纵在日商手中，绝大部分利润为日商所占有。日本当局还以极低的价格租赁，与明目张胆的劫掠毫无差别。据统计，1942 年 2 月，除被"军管理"的企业以外，66 家华商企业改为中日合办，90 家被委托经营，47 家被强行收买和租赁。

为掠夺更多的战略物质，日本占领军还在占领区实行物资、经济统制。物资统制就是对重要的战略物资和产品实行管制，禁止在市场上流通，由日本当局和伪政权限价收购，统一配给。日军进入租界后，立即封闭租界内各大仓库。1942 年 3 月，又宣布钢铁、矿石、棉纱、煤炭等 18 种物资，均在统制之列，不得随意移动。1942 年底，随着日军在军事上的失利，以及日本国内战略物资的日益枯竭，日本对华的军事掠夺更加猖狂，决定取消日本式的经济统制制度，以华制华，推动汪伪政府积极参与经济活动，为其进行经济掠夺。从 1943 年起，日本的物资统制政策主要由汪伪政府来推行。汪伪政府先后通过战时经济政策纲领和实施物资统制等决议，并成立了全国商业统制总会（商统会）。

商统会是日伪实行经济统制政策的御用工具，名义是商业自治组织，实际上受日本"大使馆"上海事务所的指挥。商统会首先在上海、南京、江浙皖地区实行物资移动签证办法，对生活资料、工业原料、燃料等数十种物资的流通分别作出禁止、限量等规定。此外，还对上海的现存物资进行登记、调查，以便于日军根据需要以低价强制收购。伪政府颁布《收买棉纱棉布暂行条件》及《实施要纲》，对违抗收买者的处罚办法作出规定。商统会定出的纺织品收购价只有市价的 1/4，商人明知吃亏，也不敢违抗，用这种办法，日本在上海收买的棉纱布达 206244 件，全国棉纱布商损失"中储券"69 亿余元，平均每家损失约 1000 万元，全市棉布棉纱字号也急骤减少。

日军还强行推行"中储券"，通过此举造成法币贬值。如 1942 年 3 月 6 日，日本政府通过《华中通货暂行处理要纲》，废止"中储券"与法币等价兑换。23 日，伪中储行公布的"中储券"与法币兑换价为 100∶77。5 月，汪伪政权宣布禁止法币流通，按 1∶2 比价兑换法币。日伪的这一系列措施，造成法币大幅度贬值，日本又将兑得的法币大量购买大后方的物资。随后，日伪又采取通货膨胀政策，急速增印"中储券"，造成"中储券"贬值。仅此一招，日本侵略者就掠夺了不可计数的财富。

日伪的疯狂掠夺，对上海经济造成了极为严重的后果，物资统制造成生产资料匮乏，工业生产全面萎缩，有的厂家虽有原料，因担忧制成品限价收购，宁愿停工或大量缩短生产时间。据统计，1943 年上海一地纱布生产率只有纱锭总量的 10%，染织业 90% 的工厂处于停顿状态，橡胶业 2/3 的厂家停工或半停工，火柴产量为生产能力的 30%，面粉业开工率不到 10%。1943 的全市华商厂家倒闭 2/3，1944 年底至 1945 年，华商工厂的生产基本处于停顿状态。

4 共产党领导的各界反对日伪斗争

上海人民有着英勇无畏的斗争精神，尽管上海沦陷，使斗争环境变得格外险恶，但在中国共产党的领导下，8年沦陷时期，上海各界人民一刻也没有停止过正义的斗争。

为了坚持长期斗争，江苏省委根据中共中央要及时改变斗争形式的指示，首先把原先的抗日救亡团体、战地服务团，改组为公开合法的联谊会、俱乐部，活动内容也有了改变，主要是开展正当文化娱乐，联络感情，通过遍布各行各业的联谊会等组织，把群众团结在党的周围。党组织对统战工作予以高度重视，组织各种聚餐会，联络上海各界爱国的上层人士，宣传党的主张，交流情况，争取他们共同抗日。经过努力，上海各行各业的上层人士有相当一部分爱国人士参加了中共组织的聚餐会，如有上海各界团体负责人参加的"星一聚餐会"，各救国会领袖参加的"星三聚餐会"，工商界著名人士参加的"星二聚餐会"等。

巧妙的斗争策略，使自己得到了很好的隐蔽，中共党组织领导下的各界人民抗日斗争也得以有声有色的展开。

支援新四军是上海人民坚持抗战的一个突出方面。新四军是活跃在江南地区的抗日武装，上海各界人民对其寄予厚望，以各种方式支援新四军，其中最普遍的是捐款献物，每次捐献活动都有十数万群众参加。

此外，各界还积极为新四军输送物资器材。1938 年冬，上海工商界爱国人士募集了龙头细布 7000 匹、胶鞋 4000 余双，除一部分拨给第三战区顾祝同的部队外，其余都送给了新四军。新四军在沪有一个采购物资的联络机关，药品、无缝钢管、无线电器材等物资的购买及运输，都得到了上海人民的帮助。

上海不少职工和知识分子还通过地下党组织的帮助，直接进入根据地，参加新四军，投身抗战。据统计，上海地下党组织除输送 1000 名难民参加新四军以外，抗战头两年，还有 5000 名职工到根据地参军或从事生产。还有不少文化教育界人士参加新四军。上海各界人民的积极支援，对新四军的发展壮大，是一个重要贡献。

上海沦陷以后，留下的文化界爱国人士仍继续进行抗战文化活动，表现了可贵的民族气节。报纸在淞沪抗战时期曾发挥了重要作用，沦陷后《救亡日报》、《立报》、《时事新报》被工部局勒令停刊。12 月 13 日，工部局又通知各华人报馆必须送"大道政府"的"新闻检查所"检查。《申报》和《大公报》以主动停刊表示对汉奸傀偏政权的极端蔑视。《大美晚报》因系洋商报纸，不受日伪制约，故仍能坚持正义立场，揭露日寇暴行，歌颂中国人民的抗战精神。日军对之恨之入骨，采取卑鄙手段，先后将副刊编辑朱惺公、发行人张似旭、国际版编辑程振章、副经理李骏英暗杀。但爱国者并没有被日军的屠杀所吓倒，又创办了《每日译报》、《文汇报》等坚持抗日立场的报纸。《每日译报》虽挂名洋商报，实际上是八路军上海办事处和中共江苏省委的机关报，先后担任主编的有夏衍、杨益、恽逸群等人。《文汇报》由徐铸成主持笔政，抗日的旗帜极其鲜明，虽一再遭到日伪的恫吓，仍坚持出版。

孤岛文艺界的抗战活动较突出地反映在戏剧舞台和报告文学的创作上。尽管上海的相当一部分电影、戏剧演员随国民党军队西撤，但留在孤岛的电影、戏剧演员仍通过舞台演出来宣传抗战，鼓舞人民的斗志。一些优秀的反映上海现实及借古喻今的话剧演出尤其受到人们的欢迎，如《夜上海》、《海国英雄》等。演员们还常常演出大后方的创作剧目，如《蜕变》、《上海屋檐下》、《心防》等。周信芳演出《明末遗恨》、《文天祥》，鞭挞历史上卖国求荣的汉奸，歌颂富有民族气节的英雄，演出时，盛况空前。

孤岛时期的报告文学创作也获得丰硕成果。当时各进步的报刊都刊登大量的通讯报道，有的传递了大后方的抗敌信息，对鼓舞人民的志气起了很大作用。1939年3月，部分作家发起《上海的一日》征文活动，编选出一部100万字的报告文学集子，从各个方面反映了抗战以来上海的现实，展现了人民大众中间所蕴藏着的抗战伟力。

九　从反内战到求解放

希望破灭

1945 年 8 月 14 日，日本天皇宣布无条件投降。经历了长达八年之久的痛苦煎熬，上海人民终于盼来了胜利。消息传来，市民涌上南京路，鸣放鞭炮，高呼"天亮了，天亮了"。

根据中国战区司令部的决定，全国划为 15 个受降区，上海属第七受降区。自 9 月 5 日开始，国民党军政人员不断飞抵上海，进行接收和受降。9 月 12 日，上海市政府成立，下午 2 时，汤恩伯在第三方面军前进指挥部主持受降仪式。14 日，日军被解除武装。

上海市民八年不见"国军"，国民党军政人员初抵上海时，曾受到夹道欢迎，但从重庆来的国民党人员很快使上海市民觉察到，迎来的是另一场浩劫。接收人员利用接收日伪产业物资的机会，纷纷中饱私囊，演出了一幕"劫收"丑剧。

接收大员首先抢夺的目标是房产、黄金。当时上海有日伪房屋 8500 幢，被接收大员抢走的达 5000 幢。

147

伪中储行和伪满洲中央银行上海分行被抢去黄金 85 万两、白银 794 万两。四大家族劫收的胃口更大，以企业为主要目标。据统计，上海被日伪强占租用的工厂有 286 家，宋子文的中国纺织建设公司攫取了其中的 52 家，CC 系的中国蚕丝公司得到 26 家，资源委员会劫掠了 13 家，总计官僚资本在上海接收了 476 家企业，实力大增。

上行下效，管理日伪产业的较小官吏也纷纷加入劫掠的行列，许多日伪仓库被他们劫收一空后，就放火焚库，不留丝毫痕迹。

为平息上海人民的强烈不满，也为继续得到美国的军事援助，蒋介石于 1946 年 5 月派出清查团，到沪清查。但清查团完全是对舆论的应付。蒋介石曾说："接收虽然不免有些毛病，也要顾全大局，不可家丑外扬，给共党以口实。"对上海市民所检举揭发的 400 多个案件，清查团一件也没有审理。

上海市政府恢复后，立即建立起法西斯独裁统治。蒋介石的亲信宣铁吾被委任为警察局局长，警察人员大大增加，还建立了有 15330 人的义勇警察队伍，以及可以在 20 分钟内到达全市任何地点的特种刑警队——飞行堡垒队。市政府还公布《户籍登记办法》、《收复地区人民团体总登记办法》、《收复地区人民团体调整办法》及《管理收复区报纸通讯社杂志电影广播事业暂行办法》等法规，加强了对居民、社会团体及新闻传媒机关的严密控制。

以杜月笙为首的上海帮会分子，过去长期是蒋介石控制上海、打击革命力量的爪牙和帮凶，抗战胜利后，由于租界的消失，杜的作用价值有所削弱，但黑社会势力仍然十分活跃。杜月笙的恒社社员由 150 人增加到 1500 人。杜月笙还建立了中国新社会事业建设协会（新建会），下辖分会 28 个，会员达 58 万人。

社会经济状况也极其混乱，突出的现象是美货大量泛滥。抗战胜利后，为争取美国支持自己发动反革命内战，国民党对美国垄断资本向中国倾销剩余物资和积压商品大开方便之门。1946 年 4 月，国民党政府颁布《公司法》后，美国公司在上海开设支店号达 115 处，大部分经营进口业务。中国的官僚资本也公开充当美国公司的代理行，代销美国商品。一些美国商人还利用联合国善后救济总署（联总）货物海关免检的空子，大量运入私货，转卖给投机商。在此情况下，市场上充斥着美货，大到金属、机器、车辆，小到香水、牙膏、口红、糖果，无所不包。美货的泛滥，给上海的民族工商业，造成灾难性的后果，工厂大批倒闭，失业工人达 30 万人，占全市产业工人总数的40%。上海人民安居乐业的希望彻底破灭。

2 第二条战线

1946 年 7 月，国民党公开挑起内战，为维持军费开支，一方面滥印法币，一方面又抛售外汇黄金，以平抑物价。随着战争的升级扩大，国民党政府的外汇急剧减少，1947 年 2 月仅为原有储备量的一半，造成市场上黄金、外汇价格狂涨。2月9日，中央银行宣布停止配售黄金。次日，黄金价格又从每两56万元涨到96万元，随之引起物价全面上升。16日，国民党政府颁布《经济紧急措施方案》，禁止黄金、外汇流通，并冻结职工工资，对物价作出限价议价的规定。但紧急法案不仅不能改变通货恶性膨胀的势头，反而使这种势头越演越烈。仅1947年，上海物价指数就涨了14.7倍。与此同时，国民党的横征暴敛，也使民族工商业不堪负担。本来，美货的泛滥已使民族工商业面临严重的困境，名目繁多的捐税，更是雪上加霜，使其陷入从未有过的危机，许多工厂被迫关闭，更多的工厂处于半停顿状态。

物价暴涨也给普通市民的生存带来了严重的威胁，如学费的上涨就使广大学生面临着失学的可能。教师薪水菲薄，难以温饱，不能安心教学。其他市民的生活也日益艰难。为了争取生存的权利，全市各界在中共地下党组织的领导下，掀起了求生存、反饥饿斗争。

由于市民生活水准急剧下降，他们常常光顾旧货市场，造成上海摊贩奇多，1946年下半年为40万人。国民党政府认为摊贩流动，难以控制，便限定马路设摊，违反者予以取缔。对这一规定，全市摊贩进行了有组织的斗争，上海市政府下令警察局予以镇压，被拘捕的摊贩数以千计。11月30日、12月1日，数千名摊贩包围黄浦警察分局，要求当局释放被捕同胞。国民党调来大批保安警察和宪兵进行镇压，示威者牺牲多人，伤100余人。在国内外舆论的压力下，市政府被迫收回取缔摊贩的成命。摊贩斗争的胜利大大鼓舞了市民继续为生存权利进行斗争。

1947年2月的《经济紧急措施方案》，对生活指数作了限定，规定工资发放以此为标准。但方案公布后，各类物价指数又大幅上升。上海的工人为争取生活费指数解冻，奋起斗争。法商水电公司电车职工及上海电力公司工人高举"米价涨到30万，性命已到鬼门关"的标语牌游行。5月13日，国民党政府被迫公布了新的生活费指数。

在争生存、反饥饿的同时，上海人民还掀起了抗议美军暴行、抵制美货运动。抗战胜利后，美国帮助国民党政府打内战，在中国许多城市驻有军队，并向中国派遣军事顾问。1946年12月24日，北平发生美军士兵强奸北大女学生事件，抗议美军暴行的风潮即在北平及各地掀起。上海的学生及各界都纷纷组织抗议活动。暨南大学贴出全市第一张抗议美军暴行大字报，并举行了全校总罢课。一些教会学校的女学生也纷纷举行声讨会。1947年1月1日，全市万余学生还举行了抗议大游行。

为反对美货大肆泛滥、倾销，中共上海局职委领导了一场抵制美货运动。上海百货工会成立了爱用国货抑制美货筹备委员会（爱抵会）。1947年2月9日，爱抵会邀请各界名流及有关工厂、商店代表召开成立大会，特务到场捣乱，大打出手，将永安公司职工梁仁达活活打死，还打伤多人。各界人民纷纷成立二九惨案后援会，举行声势浩大的抗议活动。

经受了八年战争痛苦的人民，好不容易熬到了战争结束，都盼望能过上没有外侮内乱的安定生活，但国民党政府为了建立一统天下的法西斯独裁统治，倒行逆施，硬是将战争强加给人民。为了维护国内和平，上海人民积极参加反内战斗争。早在 1945 年 12 月，美国特使马歇尔从美国来华，抵达上海后，上海的数千名学生就组织集会，派代表向马歇尔提出美国政府停止帮助国民党进行内战的要求。各民主党派及社会进步团体成立上海人民团体联合会，发表宣言，要求政府停止内战，执行政协决议。1946 年 6 月，全面内战迫在眉睫。23 日，上海人民团体联合会和上海学生争取和平联合会组成上海人民呼吁和平入京请愿团，赴南京向政府请愿。车到南京下关，马叙伦、阎宝航、雷洁琼等代表被国民党预伏的特务打得遍体鳞伤。7 月，国民党反动派对反内战运动的镇压更加残酷。中旬在昆明枪杀李公朴、闻一多。10 月，上海各界举行了大规模的公祭活动，以示抗议。

1947 年，上海的反内战运动达到新的高潮，各民主党派的反内战活动也更加活跃。10 月，国民党政府宣布民主党派中最大的政党——民盟为非法团体。11 月 7 日，张澜号召各地盟员"继续为国家和平民主统一团结而努力"。随后，上海民盟转入地下，继续活动。

8 币制改革与金圆券风潮

军事上的一系列惨败，使国民党在经济上也陷入了全面混乱，面临崩溃的边缘。造成这种局面的主要原因来自两方面，一是军事上不断丢城失地，大大减少了税收来源；另一方面，为了挽回败局，继续维持反动统治，不顾日益支绌的财政情况，加速扩军，以作孤注一掷。这一做法加剧了财政赤字，如 1946 年 1 月至 5 月，南京政府的实际财政支出为 15000 亿元法币，而税收只有 2.5 亿元。为弥补巨额赤字，南京政府赶印钞票，1947 年的法币发行量为 331885 亿元，至 1948 年 8 月为 6045340 亿元。法币迅速贬值，物价以前所未有的速度上涨。1948 年 8 月仅 18 天内，物价指数上升 88.5%，一石米卖 5833 万元，一个大饼卖 3 万元。

显然，不对法币进行改革，物价狂涨不止的浪潮势将如滔滔之水，冲垮国民党统治的堤岸。8 月 19 日，国民党政府公布《财政紧急处分令》、《金圆券发行办法》等 4 项法令，正式推出币制改革的方案。根据这些法令，国家将发行金圆券 20 亿元，以 1∶300 万的比例限期收回法币，过了限期，停止法币流通。私人拥有的白银和外汇，必须全部兑换成金圆券，各地物价冻结在 8 月 19 日的水平。

国民党政府预见到币制改革必将遇到资产阶级的竭力抵制和反抗，扬言要用重典，借一两颗人头祭刀。蒋介石派蒋经国和中央银行总裁俞鸿钧担任上海经济管制督导员，决心在这块中国资产阶级力量最为集中的地方打开局面，以保障币制改革的推行。蒋经国声称，将不折不扣地执行政府的币制改革法令，决不以私徇情。又宣称这次来上海，只打老虎，不拍苍蝇。蒋经国的基本骨干是戡乱建国大队，后又招募了1.2万名青年组建大上海青年服务总队。督导员管理处下设物资调节、物价审议、经济检查三个委员会。还在全市各处设立了11个人民服务站，安置了许多告密箱。

上海的资产阶级很明白，所谓币制改革，只是变相的掠夺，对限期兑换金圆券采用拖延、隐藏等办法予以抵制。蒋经国对此采用高压手段，如巨商王春哲因私套外汇被处极刑。申新纺织公司总经理荣鸿元、中国水泥公司常务董事胡国梁、美丰证券公司总经理韦伯祥因私逃外汇，隐藏黄金，被捕入狱。后各自花费巨额美元，方保性命。刘鸿生被蒋经国亲自追逼，不得已交出800条黄金、230万美元、数千块银元。到10月底，蒋经国在上海共搜刮到黄金114.6万两、美钞3442万元、港币1100万元、银元369万余元、白银96万余两。

币制改革成功与否，关键在于限价政策，即能否将狂涨不已的物价控制在8月19日的水平上，国民党把它叫做"八一九"防线。为保证限价政策的成功，上海经管处、警察局、警备司令部稽查处、宪兵、京沪和京杭两路警察局的警察宪兵以检查物价为名，四处乱闯，并以违令为名到处抓人，没收商品货物。短短的两个月中，上海的工商界仅棉纺业被强令出售的棉纱就达5万件，布匹10万匹，损失金圆券5000万元以上。毛纺业损失2000万元左右。工商界的损失总额约 2 亿元。

在实行限价过程中，对一些犯法的官员，甚至豪强，蒋经国确也进行了惩处，先后有 64 人被捕入狱，其中包括杜月笙的儿子杜维屏。蒋经国的"铁面无私"似乎奏效了，"八一九"防线果然未破。但他的这一做法是完全违反经济规律的。上海的物价虽然可以在他的铁腕控制下得到限制，外地的物价却仍在猛涨。上海的工业原料一直依靠外地，不同地区的差价使上海的工厂面临原材料匮乏的困难，生产全面萎缩。不少工厂缩短生产时间，甚至关门停业。商店因限价政策，无利可图，也缩短营业时间，市面萧条。显然如果继续维持限价政策，整个上海的社会经济将彻底瘫痪。

11 月 1 日，国民党被迫宣布取消限价。11 月，又宣布金圆券发行不以 20 亿元为限，金圆券的发行量很快超过 30 亿元，再次大幅度贬值。11 月中旬，一石米从 20.90 元涨到 2000 元以上，面粉每袋从 7.80 元涨到 250 元。金圆券的急速贬值又引起了市民抢购黄金风潮，外滩中央银行前每天都挤满了兑换黄金者。12 月 23 日，挤兑黄金的人群达到高峰，约有 10 万市民加入挤兑狂潮，不少人被挤倒，7 人当场被踩死。

☁ 4 破晓前的战斗

国民党的限价政策失败以后，物价以前所未有的速度上涨，金圆券一贬再贬，一粒米要卖 130 元，百姓购物须用麻袋装钱，社会经济处于全面崩溃的边缘。

军事上、辽沈、平津、淮海三大战役使蒋军在长江以北的主力丧失殆尽，国民党的统治处于风雨飘摇之势。1949 年元旦，新华社发表毛泽东的新年献词《将革命进行到底》，向国内外宣布了解放全中国的决心。

为了避免过早暴露党的力量，使一些经受过长期考验的党的领导干部免遭不应有的损失，1948 年 8 月 22 日，中共中央发出了《蒋管区斗争要有清醒头脑和灵活策略》的指示，指出党在国民党统治区的工作，不要犯冒险主义的错误，应坚决实行疏散隐蔽、积蓄力量、以待时机的方针。根据这一指示精神，上海地下党决定撤退学生 1000 人，职工 1000 人，其中大多数是共产党员。

1949 年，中共中央指示上海局和上海市委，由于解放军在军事上占绝对优势，因此地下党不必举行内部武装起义，工作重点应为组织工人群众和市民阻止国民党的破坏，保护工厂、机关、学校，配合解放军，维护社会秩序。

在地下党的领导下，许多工厂都组织了工人护厂纠察队，日夜巡逻。申新六厂工人抵御资方的加薪利诱，拒绝拆卸纺纱机运往台湾，并禁止资方把纱运出。江南造船厂工人消极怠工，还将废弃无用的坏机器和石头代替贵重物资和重要部件，蒙过检查人员，使工厂的基本生产设施未被运走。交通、电力、电话、煤气、自来水等公用事业与市民生活关系最巨，是敌人破坏的重点。这些企业的掌管人大多是外资人员，地下党组织一方面积极向他们做工作，另一方面组织工人护卫队，以备不测，终于挫败了敌人企图在六大公用事业上进行破坏，造成市面混乱的阴谋。国民党军队曾准备武装劫掠上海公交公司的汽车，职工把 70 余辆汽车开走，设法隐蔽起来，在党组织的教育下，一些资方人员也参加了护厂斗争。

教育战线，各校师生互通声气，团结一致，展开护校斗争。4 月 25 日，警备司令部限令上海 15 所大学及专科学校 5 天内撤离上海，因师生激烈抵制，大学教授联谊会还和各大学的学生会密切联系，协调行动，阻止国民党的迁校计划。据统计，参加护校的大学生达 80% 以上。

国民党当局还曾限令几所医院迁走，医务人员在地下党的组织下，成立联谊会、职工福利会等组织，进行护院活动。

民主党派中的爱国人士也积极投入反对国民党法西斯统治的斗争中。1948 年 12 月，中国国民党革命委员会成立上海临时分会，在宣言中表示拥护中国共产党。1949 年 4 月，民盟成员孙大雨发动 229 位各界著名人士，发表拥护和平宣言。一些重要的民盟领导人因遭国民党嫉恨而被捕。

上海的地下党组织为迎接解放还做了其他一些重要的工作。为配合解放上海，地下党搜集了大量军事情报，其中有一些是绝密文件，如《淞沪外围防御工事详细配系图》、《保卫大上海作战计划》等。地下党的策反工作委员会在国民党内部一些重要部门建立策反关系。1949 年 4 月 13 日，国民党伞兵第三团在地下党的策动下，归诚解放区。

黎明前的斗争环境是最严酷的，面临覆灭命运的国民党，企图以血腥屠杀来扑灭王座下熊熊燃烧的烈火，军警四处搜捕，"飞行堡垒"日夜在大街呼啸而过，不少共产党人为上海的早日解放献出了宝贵的生命，其中有长期在上海从事地下电台工作的共产党员如李白、秦鸿钧，交通大学学生党员穆汉祥、史霄雯，潜伏在警察局里的共产党员钱凤岐、刘家栋、钱文湘，国民党装甲兵战防炮总队中将总队长、共产党员张权等。但是敌人的残酷屠杀并不能阻挡中国革命前进的步伐，上海解放的日子临近了。

上海解放

三大战役结束后，国民党军队的主力大量被歼，国共双方军事力量对比发生了根本变化。人民解放军乘胜追击，发动渡江战役，4 月 23 日，攻占南京。随后锋镝直指上海。

当时国民党在淞沪地区的军队有 9 个军 25 个师，约 23 万人，分别部署在外围阵地、主阵地和核心阵地，各阵地都构筑了大量钢筋水泥碉堡群，每座碉堡外都挖掘了网式沙沟，布置了电网、地雷阵、铁丝网、竹签等障碍。核心阵地利用市区部分高大建筑作为据点，共 32 处。各街道路口均布置了木马、铁丝网。此外，国民党在上海还集结了 4 个炮兵团，3 个装甲团，作战飞机 140 架。

对解放上海，人民解放军做了精心部署，野战军总前委制定了《京沪杭战役实施纲要》，5月上旬，第三野战军军以上干部在常熟开会，会上对上海战役作了具体部署。

按照三野指挥部的决定，担任解放上海任务的是三野第九兵团（司令员宋时轮，政委郭化若，辖第二十、二十七、三十、三十一军）、第十兵团（司令员叶飞，政委韦国清，辖第二十六、二十八、二十九、三十三军）。

第九、十兵团接到解放上海的命令后，日夜兼程，在短时间内即集结上海外围，并完成对上海的一个半月形包围圈。5月12日，解放上海外围的战斗打响，第九兵团很快攻克海盐、松江、奉贤、青浦、乍浦及金山卫，15日又攻占川沙顾家路镇，切断了川沙以东敌人的退路。第十兵团原屯京沪线以北，战斗打响后，迅速向东进攻，连克昆山、太仓、嘉定等县城，以及罗店、浏河等重要集镇。

解放军的凌厉攻势使敌人闻风丧胆，为确保海上退路，京沪杭警备总司令汤恩伯调整部署，并下令第十二军凭借现代化工事死守高桥，并出动飞机、军舰协同作战。我军集中300余门重炮，对敌军阵地昼夜轰击，歼灭第十二军大部。汤恩伯将原防守苏州河的第七十五军调到高桥，加强防御。

在高桥战斗呈相持状态时，解放军另一部向市区纵深发起突袭，击毁500多座碉堡。24日攻克虹桥镇、虹桥机场、徐家汇、梵皇渡车站，同时，越过万国公墓、大虹桥、中山西路，向市区攻击前进。在浦东，人民解放军彻底摧毁敌第三十七军的纵深工事，于24日占领杨泾镇、严桥镇，解放浦东。敌人惊魂未定，解放军又渡过浦江，向市区进发，迅速占领龙华机场及龙华车站。至此，国民党的外围阵地已被解放军全部摧毁，国民党军被歼2万余人，第二十一、三十七、五十二、一二三军大部被歼。国民党军20万人被解放军团团围困在上海市区至吴淞口狭小的地区。蒋介石见机不妙，偷偷离开大陆。汤恩伯也率领第十二、五十二、五十四、七十五军一部，狼狈窜往舟山群岛。

解放上海的决战时刻到了。毛泽东对解放上海，作了特别指示："打上海，要文打，不要武打"。要求尽可能减少战争对城市设施和人民生命财产的损害，以完整保存这座荟萃了近代中国经济、金融、商业精华的东方大都市。根据这一指示，前线指挥部要求指战员避免使用火炮和爆破。24日，攻占上海地区核心阵地的战斗打响。当天晚上，解放军第二十七军从徐家汇、梵皇渡一带攻入市区。第二十三军从龙华方向向市区推进。第二十军从高昌庙横渡浦江。战士们个个英勇无畏，使敌人为之丧胆，敌军整营整团缴械投降。经过几个小时的战斗，至25日凌晨1时，苏州河以南的上海市区大部分已被解放。

苏州河为流贯上海市东西的河流，国民党军队余部在苏州河北占据着沿河的高楼，负隅顽抗。为阻止解放军的进攻，敌军做好了炸毁外白渡桥的准备。由于不能使用重炮，难以摧毁占据河北高楼的敌军火力点，战士们数次向桥北冲锋，都未能成功。根据陈毅指示，解放军一部从曹家渡北边向敌背后迂回。另外通过地下党，对河北守军头目刘昌义进行政治攻势，刘见大势已去，接受了解放军提出的停止抵抗、交出阵地等条件。

27日晨，市区国民党军仅剩8000余人，分别盘踞在杨树浦发电厂和自来水厂等处。在解放军的政治攻势下，这部分敌军也全部投降。至此，上海全境解放。

上海战役仅用了短短的14天，蒋军除逃脱7万余人外，被歼15万人。

上海的解放使得这座近代中国最重要的经济、金融、贸易、文化中心城市，回到了人民的手中，它对于中国在20世纪后半叶的崛起，具有不可估量的意义。31日，新华社发表社论《祝上海解放》，对此作了深刻阐明，社论指出，上海是中国最大的经济中心，上海的解放表示中国人民无论在军事上、政治上和经济上都已经打倒了自己的敌人国民党反动派。上海是帝国主义侵略中国的主要基地，上海的解放表示中国人民已经确立了民族独立的基础。上海的解放在中国人民解放事业中具有特殊的意义。

参考书目

1. 徐公肃、丘瑾璋：《上海公共租界史稿》，上海人民出版社，1980。

2. 〔法〕梅朋、傅立德著，倪静兰译《上海法租界史》，上海译文出版社，1983。

3. 〔美〕罗兹·墨菲著，上海社会科学院历史研究所译《上海——现代中国的钥匙》，上海人民出版社，1986。

4. 刘惠吾主编《上海近代史》（上、下），华东师范大学出版社，1985、1987。

5. 唐振常主编《上海史》，上海人民出版社，1989。

6. 张仲礼主编《近代上海城市研究》，上海人民出版社，1990。

7. 上海社会科学院历史研究所编《上海小刀会起义史料汇编》，上海人民出版社，1980。

8. 上海社会科学院历史研究所编《辛亥革命在上海史料选辑》，上海人民出版社，1981。

9. 上海社会科学院历史研究所编《五四运动在上海史料选辑》，上海人民出版社，1980。

10. 汤志钧主编《近代上海大事记》，上海辞书出版社，1989。

11. 任建树主编《现代上海大事记》，上海辞书出版社，1996。

12. 熊月之主编《上海通史》（15卷），上海人民出版社，1999。

13. 熊月之、马学强、晏可佳选编《上海的外国人》，上海古籍出版社，2003。

14. 〔法〕白吉尔著，王菊、赵念国译《上海史：走向现代之路》，上海社会科学院出版社，2005。

15. 熊月之：《异质文化交织下的上海都市生活》，上海辞书出版社，2008。

《中国史话》总目录

系列名	序号	书名	作者
物质文明系列（10种）	1	农业科技史话	李根蟠
	2	水利史话	郭松义
	3	蚕桑丝绸史话	刘克祥
	4	棉麻纺织史话	刘克祥
	5	火器史话	王育成
	6	造纸史话	张大伟　曹江红
	7	印刷史话	罗仲辉
	8	矿冶史话	唐际根
	9	医学史话	朱建平　黄　健
	10	计量史话	关增建
物化历史系列（28种）	11	长江史话	卫家雄　华林甫
	12	黄河史话	辛德勇
	13	运河史话	付崇兰
	14	长城史话	叶小燕
	15	城市史话	付崇兰
	16	七大古都史话	李遇春　陈良伟
	17	民居建筑史话	白云翔
	18	宫殿建筑史话	杨鸿勋
	19	故宫史话	姜舜源
	20	园林史话	杨鸿勋
	21	圆明园史话	吴伯娅
	22	石窟寺史话	常　青
	23	古塔史话	刘祚臣

系列名	序号	书名	作者	
物化历史系列（28种）	24	寺观史话	陈可畏	
	25	陵寝史话	刘庆柱	李毓芳
	26	敦煌史话	杨宝玉	
	27	孔庙史话	曲英杰	
	28	甲骨文史话	张利军	
	29	金文史话	杜　勇	周宝宏
	30	石器史话	李宗山	
	31	石刻史话	赵　超	
	32	古玉史话	卢兆荫	
	33	青铜器史话	曹淑芹	殷玮璋
	34	简牍史话	王子今	赵宠亮
	35	陶瓷史话	谢端琚	马文宽
	36	玻璃器史话	安家瑶	
	37	家具史话	李宗山	
	38	文房四宝史话	李雪梅	安久亮
制度、名物与史事沿革系列（20种）	39	中国早期国家史话	王　和	
	40	中华民族史话	陈琳国	陈　群
	41	官制史话	谢保成	
	42	宰相史话	刘晖春	
	43	监察史话	王　正	
	44	科举史话	李尚英	
	45	状元史话	宋元强	
	46	学校史话	樊克政	
	47	书院史话	樊克政	
	48	赋役制度史话	徐东升	
	49	军制史话	刘昭祥	王晓卫

系列名	序号	书名	作者
制度、名物与史事沿革系列（20种）	50	兵器史话	杨毅　杨泓
	51	名战史话	黄朴民
	52	屯田史话	张印栋
	53	商业史话	吴慧
	54	货币史话	刘精诚　李祖德
	55	宫廷政治史话	任士英
	56	变法史话	王子今
	57	和亲史话	宋超
	58	海疆开发史话	安京
交通与交流系列（13种）	59	丝绸之路史话	孟凡人
	60	海上丝路史话	杜瑜
	61	漕运史话	江太新　苏金玉
	62	驿道史话	王子今
	63	旅行史话	黄石林
	64	航海史话	王杰　李宝民　王莉
	65	交通工具史话	郑若葵
	66	中西交流史话	张国刚
	67	满汉文化交流史话	定宜庄
	68	汉藏文化交流史话	刘忠
	69	蒙藏文化交流史话	丁守璞　杨恩洪
	70	中日文化交流史话	冯佐哲
	71	中国阿拉伯文化交流史话	宋岘

系列名	序号	书名	作者
思想学术系列（21种）	72	文明起源史话	杜金鹏　焦天龙
	73	汉字史话	郭小武
	74	天文学史话	冯时
	75	地理学史话	杜瑜
	76	儒家史话	孙开泰
	77	法家史话	孙开泰
	78	兵家史话	王晓卫
	79	玄学史话	张齐明
	80	道教史话	王卡
	81	佛教史话	魏道儒
	82	中国基督教史话	王美秀
	83	民间信仰史话	侯杰
	84	训诂学史话	周信炎
	85	帛书史话	陈松长
	86	四书五经史话	黄鸿春
	87	史学史话	谢保成
	88	哲学史话	谷方
	89	方志史话	卫家雄
	90	考古学史话	朱乃诚
	91	物理学史话	王冰
	92	地图史话	朱玲玲
文学艺术系列（8种）	93	书法史话	朱守道
	94	绘画史话	李福顺
	95	诗歌史话	陶文鹏
	96	散文史话	郑永晓
	97	音韵史话	张惠英
	98	戏曲史话	王卫民
	99	小说史话	周中明　吴家荣
	100	杂技史话	崔乐泉

系列名	序号	书名	作者	
社会风俗系列（13种）	101	宗族史话	冯尔康	阎爱民
	102	家庭史话	张国刚	
	103	婚姻史话	张 涛	项永琴
	104	礼俗史话	王贵民	
	105	节俗史话	韩养民	郭兴文
	106	饮食史话	王仁湘	
	107	饮茶史话	王仁湘	杨焕新
	108	饮酒史话	袁立泽	
	109	服饰史话	赵连赏	
	110	体育史话	崔乐泉	
	111	养生史话	罗时铭	
	112	收藏史话	李雪梅	
	113	丧葬史话	张捷夫	
近代政治史系列（28种）	114	鸦片战争史话	朱谐汉	
	115	太平天国史话	张远鹏	
	116	洋务运动史话	丁贤俊	
	117	甲午战争史话	寇 伟	
	118	戊戌维新运动史话	刘悦斌	
	119	义和团史话	卞修跃	
	120	辛亥革命史话	张海鹏	邓红洲
	121	五四运动史话	常丕军	
	122	北洋政府史话	潘 荣	魏又行
	123	国民政府史话	郑则民	
	124	十年内战史话	贾 维	
	125	中华苏维埃史话	杨丽琼	刘 强
	126	西安事变史话	李义彬	
	127	抗日战争史话	荣维木	

系列名	序号	书　名	作　者	
近代政治史系列（28种）	128	陕甘宁边区政府史话	刘东社	刘全娥
	129	解放战争史话	朱宗震	汪朝光
	130	革命根据地史话	马洪武	王明生
	131	中国人民解放军史话	荣维木	
	132	宪政史话	徐辉琪	付建成
	133	工人运动史话	唐玉良	高爱娣
	134	农民运动史话	方之光	龚云
	135	青年运动史话	郭贵儒	
	136	妇女运动史话	刘红	刘光永
	137	土地改革史话	董志凯	陈廷煊
	138	买办史话	潘君祥	顾柏荣
	139	四大家族史话	江绍贞	
	140	汪伪政权史话	闻少华	
	141	伪满洲国史话	齐福霖	
近代经济生活系列（17种）	142	人口史话	姜涛	
	143	禁烟史话	王宏斌	
	144	海关史话	陈霞飞	蔡渭洲
	145	铁路史话	龚云	
	146	矿业史话	纪辛	
	147	航运史话	张后铨	
	148	邮政史话	修晓波	
	149	金融史话	陈争平	
	150	通货膨胀史话	郑起东	
	151	外债史话	陈争平	
	152	商会史话	虞和平	
	153	农业改进史话	章楷	
	154	民族工业发展史话	徐建生	
	155	灾荒史话	刘仰东	夏明方
	156	流民史话	池子华	
	157	秘密社会史话	刘才赋	
	158	旗人史话	刘小萌	

系列名	序号	书名	作者
近代中外关系系列（13种）	159	西洋器物传入中国史话	隋元芬
	160	中外不平等条约史话	李育民
	161	开埠史话	杜语
	162	教案史话	夏春涛
	163	中英关系史话	孙庆
	164	中法关系史话	葛夫平
	165	中德关系史话	杜继东
	166	中日关系史话	王建朗
	167	中美关系史话	陶文钊
	168	中俄关系史话	薛衔天
	169	中苏关系史话	黄纪莲
	170	华侨史话	陈民 任贵祥
	171	华工史话	董丛林
近代精神文化系列（18种）	172	政治思想史话	朱志敏
	173	伦理道德史话	马勇
	174	启蒙思潮史话	彭平一
	175	三民主义史话	贺渊
	176	社会主义思潮史话	张武 张艳国 喻承久
	177	无政府主义思潮史话	汤庭芬
	178	教育史话	朱从兵
	179	大学史话	金以林
	180	留学史话	刘志强 张学继
	181	法制史话	李力
	182	报刊史话	李仲明
	183	出版史话	刘俐娜

系列名	序号	书名	作者
近代精神文化系列（18种）	184	科学技术史话	姜超
	185	翻译史话	王晓丹
	186	美术史话	龚产兴
	187	音乐史话	梁茂春
	188	电影史话	孙立峰
	189	话剧史话	梁淑安
近代区域文化系列（11种）	190	北京史话	果鸿孝
	191	上海史话	马学强　宋钻友
	192	天津史话	罗澍伟
	193	广州史话	张苹　张磊
	194	武汉史话	皮明庥　郑自来
	195	重庆史话	隗瀛涛　沈松平
	196	新疆史话	王建民
	197	西藏史话	徐志民
	198	香港史话	刘蜀永
	199	澳门史话	邓开颂　陆晓敏　杨仁飞
	200	台湾史话	程朝云

《中国史话》主要编辑
出版发行人

总 策 划	谢寿光	王　正	
执行策划	杨　群	徐思彦	宋月华
	梁艳玲	刘晖春	张国春
统　筹	黄　丹	宋淑洁	
设计总监	孙元明		
市场推广	蔡继辉	刘德顺	李丽丽
责任印制	岳　阳		